JN111983

難波 猛
人事コンサルタント

「働かないおじさん問題」のトリセツ

アスコム

Q

近年、社会問題になっている「働かないおじさん」と聞いて、次のうちどの人を思い浮かべるでしょうか

① 一日中、新聞やスマホばかり眺めて仕事をしない人
② 営業に行く振りをして、社用車で居眠りをしている人
③ ＰＣやコピー機が使えず、部下にやってもらう人
④ 真面目でコツコツ働く人

みなさん、はじめまして。
人事コンサルタントの難波猛と申します。
さて、1ページ目で出したクイズ、
みなさんはどの答えを選んだでしょうか。

実際に相談が多いのは、④です

「そんなはずないでしょ。どうして真面目でコツコツ働いているのに『働かないおじさん』と呼ばれなければいけないの？」
そう思う方もいるかもしれません。

みなさんが想像したり、メディアで描かれてきた「働かないおじさん」は
冒頭の①〜③のような人かもしれません。

今時、そんな人は絶無とは言いませんが、ほとんどいません。
露骨に仕事の手を抜く人が、のんびり生き残れるほど
今の企業を取り巻く環境は甘くないからです。

実は、現在働かないおじさんと
呼ばれてしまう人の多くが
「真面目でコツコツ働く人」です。

なぜ、そうなってしまうのか。

その理由は、詳しくは本文に譲りますが
ビジネスを取り巻く環境が移り変わり、
会社が本人に求める働き方や成果が劇的に変化する中で
様々な原因が複雑に絡んで
本人が今まで通り「真面目にコツコツ働いて」いるにも関わらず
生産性の低下や会社側の期待とのギャップを招いていることが多いようです。

現在の「働かないおじさん問題」は、
従来の「サボリーマン」「本人が悪い」という認識では捉え切れません。

少子高齢化社会、人生１００年時代、70歳就業社会と言われる現在、
本人・上司・人事・会社・社会が、真剣に向き合う問題だと考えています。

「働かないおじさん問題」が深刻化するにつれ
私のもとには、多くの企業から相談が寄せられています。

ほぼ毎日、ミドルシニアと呼ばれる40代・50代社員の活性化について、
経営者・人事・上司・本人とお話をさせて頂いています。

聞いていて気になるのが
「働かないおじさん」を抱える上司や経営者や人事は
ついつい
「どうやって、働かないおじさんを変えることができるか」
「外部の先生から、厳しくガツンと言ってください」
という意識になりがちな点です。

そのお気持ちはわかるのですが、私は中高年のローパフォーマーに対し
無理やり人格を変えるメソッドは持っていませんし、
大声でガツンと説教するようなスタンスでもありません。

「悪いのは部下本人で、会社や人事や上司には何の問題も落ち度もない」
「自分達は汗をかくつもりがない、プロに任せるから何とかしてくれ」
という姿勢の企業からのご相談は、丁重にお断りしています。

みなさんは、こんなことわざをご存じでしょうか。

馬を水辺につれていけても水を飲ませることはできない

You can take a horse to the water, but you can't make him drink

馬は無理やり水辺に連れていくことはできても
飲むことまでは強制できません。
馬が自発的に飲もうとしない限り、
水を飲ませることはできないのです。

この本のメインテーマである
「働かないおじさん問題」の解決には、このたとえ話の
「外発的動機付け」と「内発的動機付け」がヒントになります。

仮に、上司や人事が職務権限で「働かないおじさん」を
無理に変えようとしても、
いい結果には結びつかないでしょう。

「真面目にコツコツ」言われた通りに変化しても、
自分の思考や意思を伴わない変化はすぐに陳腐化します。
上司も、複雑な変化をすべて予測できるわけがありません。

結果、上司や人事は問題の対応に疲弊し、本人も会社に不満を持つ。
誰も幸せになりません。

一方で「諦めて何もしない」と変化は起こりません。

私がみなさんに伝えたいのは、強制的に変化させるのでも奇跡を待つのでもなく、
不本意ながら**「働かないおじさん」となっている方が、**
適切な働きかけで自らの意思で、自らの人生を充実したものにするために
前向きに変化に踏み出す方法です。

「そんな方法があれば苦労はしない」

「綺麗ごとを言うな」

という声が聞こえてきそうですが、実はあります。

ただし、一定の苦労はしますし、綺麗な取り組みだけではありません。

様々な業界で約２０００人の中高年キャリア開発を手がけた経験から
本書の方法は、１００％とは言いませんが
かなり精度が高い方法であると認識しています。

ただし、その方法を実践するにあたり、一つの条件があります。
それは、「働かないおじさん問題」は、
本人だけでなく、上司、人事にも責任や問題があることを自覚し、
三位一体となって問題の解決に取り組む覚悟を持つことです。

「働かないのは本人のせい」ということも多少は言えますが
実際は、冒頭のように複雑な背景があり
必ずしも本人だけのせいとは言えないケースが増えています。

本人は真面目でコツコツ働いているわけですから
当人が「働かないおじさん」になってしまった
状況を作ったのは、真面目な人の方向性を上手く導けない
直属の上司、会社の人事や経営者が
責任の一端を担っている側面も否定できません。

本人、上司、人事の3者が本気になって
問題解決に協力してまい進する体制を実現できれば
事態は大きく前進します。

「働かないおじさん」本人は元来真面目な人が多いので、
本人の意識と行動が変われば
最短3ヶ月で活き活きと「働くおじさん」へと変化する
ケースも多く見てきました。

本書では、問題解決のための環境づくりも含めて
「何を、どうすればいいか」
心理学やキャリア論のロジックや事例を交えながら、
詳しくご紹介しています。

私自身が「働かないおじさん」だった時代も経験しており、
本書が「働かないおじさん問題」の解決に
寄与することを願って止みません。

第7章 人生100年時代、活き活きと働くキャリア戦略

第1章

「働かないおじさん」問題とは何か

この章でお話しすること

☑ 「働かないおじさん問題」は、本人や会社の問題ではなく社会問題

☑ 近年、「働かないおじさん問題」が注目されているのはなぜか

☑ 会社・本人それぞれの「働かないおじさん問題」の厳しさ

☑ 「働かないおじさん」を生み出す日本企業の構造とは

☑ 本人として、会社として、日本社会として、この問題をどう捉えるべきか

「働かないおじさん」問題は実は社会問題

２０１９年以降、社内から早期・希望退職者を募ることで人員削減を行う上場企業が増加傾向にあります。

東京商工リサーチのデータによると、２０１８年は12社、２０１９年は35社、コロナ禍に見舞われた２０２０年には93社、２０２１年（1月～6月）には50社と急増しています。これらの企業の96パーセントは早期・希望退職の適用開始年齢を設定しており、うち66パーセントが40歳ないしは45歳以上のミドルシニアを募集対象にしています。

また、同じく２０１９年前後から「**働かないおじさん**」という言葉を目にする機会が増えてきました。

皆さんは「働かないおじさん」という言葉から、どんな人を想像するでしょうか。

一般には「会社の中で真面目に仕事をしないくせに給料をもらっている人」といったイメージを抱くかもしれません。

近年、当社にも多くの企業から、「**自社のミドルシニアを活性化したい**」といった相談が持ち込まれるようになってきました。具体的な内容は下記のとおりです。

- 「役職定年や定年再雇用前後でモチベーションが落ちてしまうことが多い」
- 「働き方改革やリモートワーク、DX（デジタルトランスフォーメーション）に上手く適用できない管理職が発生している」
- 「自律的な意識を持って能力開発をしてほしいが、学習する習慣が根付いていない中高年が多い」
- 「ジョブ型雇用に切り替えが進む中で、今のポジションに限定せず自分の活躍領域を真剣に考えてほしい」

つまり、企業側の期待に十分応えられていない、または応えられない一部のミドルシニア社員に対して、企業の経営者・人事・上司たちの問題意識が高まっていることが見てとれます。こうしたギャップが生じているミドルシニアを、ここではひとまず「働かないおじさん」と呼ぶことにします。（「働かないおじさん」のより正確な定義については、この後で改めて述べます）

「働かないおじさん」だけが悪いわけではない

「働かないおじさん」に関する記事やネットの論調を見ていると、「高い給料をもらっていながら、成果が出せない（出そうとしない）本人が悪い」「今まで放置してきて、急に手のひらを返した会社が悪い」「その状況に対して何も言わない（言えない）上司や人事が悪い」など、社内での犯人捜しや、責任の所在の追求のみにフォーカスした議論が多い気がしています。

しかし、「働かないおじさん」問題は、色々な要因が複合的に重なって生じた問題であり、少子高齢化と生産年齢人口減少が続く**日本全体が向き合って解決すべき社会問題**ではないでしょうか。

ここからは、それぞれの立場によって、いったい何が問題になるのかを見ていきましょう。

企業が放置できない2つのポイント

特に大手企業では、バブル世代と呼ばれる大量採用世代が50代を迎え、社内のボリュームゾーンになっています。「数年後には、社内の半数が50歳以上になる」という会社の相談もいただくことがあります。そうしたボリュームゾーンの社員が「働かないおじさん」化してしまうと、大きく2つの問題が生じます。

1つは「**ポストの確保**」。

現状でも、60歳以上の社員へのポスト確保に苦労している企業が少なくありません。仕事自体がAI化・自動化・複雑化が進む中で、最新の技術や環境に適応できる人材集団でないと、提供できる職務が無いだけでなく、組織自体の存続が難しくなる危険性が高くなっています。

もう1つは「**組織の新陳代謝**」。

環境変化が激しい現在、ビジネスも求められる人材も働き方も常に変化しています。近年はジョブ型と呼ばれる働き方が注目されていることからも分かるとおり、高度な能力や専門性を持ち成果を出す人材に高い処遇を提供することで組織の競争力を高める動きは、今後も続いていくでしょう。

この動きは裏を返せば、「**現在の処遇と能力・成果にギャップが生じている社員に対し、今までの処遇を継続することが難しい**」という現実を示唆しています。

この問題は、特に処遇が若手や一般社員よりも高いミドルシニアの管理職層で顕著に発生します。

本人が放置できない２つのポイント

実際に企業の現場でコンサルティングや研修を行っているとよく分かるのですが、本人が好き好んで「働かないおじさん」と呼ばれる状態になっているケースはほぼありません。

気付かない間に、または薄々気が付きながら上手く対応できず、周囲や上司の期待とギャップが生じてしまっている場合がほとんどです。（実際は、「会社に言われた通り、真面目にコツコツ頑張ってきた」善良な人が、こういう状況になってしまうケースも多いです）

「働かないおじさん」と呼ばれる状態が続いてしまうと、本人には2つの問題が発生します。

1つは「**キャリア**」の問題。

今の40～50代は、生涯を通して働く年数が昔の同世代より長くなっています。『LIFE SHIFT（東洋経済新報社）』が2016年にベストセラーになって以来、人生100年時代を見据えた働き方が注目されています。また、2021年4月には高年齢者雇用安定法が改正され、70歳までの就業機会確保が努力義務化されました。

40代や50代の時点で周囲の期待に応えられない状態となり、それを放置してしまうと、長く続く職業人生を望ましい形にコントロールすることは困難になります。

もう1つは「**ライフ**」の問題。

会社がVUCAと呼ばれる複雑で厳しい環境にさらされている現在、会社の期待に応えられない社員に従来通りの処遇や雇用を約束し続けることが難しくなっています。

会社の期待と本人の成果にギャップが生じている状態が続くと、働きに応じた厳しい処遇を受ける可能性は以前より高くなっています。

日本の場合、労働基準法や労働契約法などで労働者の権利が守られているため、よほどのことがない限り一方的に解雇されることはありません。しかし、場合によっては冒頭に記載したような早期退職・希望退職への応募を勧奨されることはあり得ます。

また、会社の経営自体が維持できなくなり倒産するケースや、やむなく整理解雇が行われるケースも急増しています。厚生労働省の調査では、２０２０年２月から２０２１年４月までに、新型コロナウイルス感染症の影響で解雇・雇い止めが行われた人数は10万人を超えています。

処遇の低下、雇用契約の終了など、「**予期せぬ変化**」や「**望まない変化**」が遠い対岸の火事ではなくなりつつあるという現実を、本人もしっかり理解しておく必要があります。これ自体は全年齢について言えることですが、一般に生活コストが高いミドルシニアの方が、問題はより大きくなります。

「働かないおじさん問題」は日本の将来を左右する

「働かないおじさん」問題は、日本社会としても看過できない問題だと考えています。少子高齢化が進む日本では、生産年齢人口（15歳～64歳）が1995年をピークに減少傾向になっています。総務省の統計では、ピーク時8716万人と比較して、2020年は7471万人と、1300万人近く減少しています。しかも、総人口はほぼ変わっていませんから、この1300万人はほぼ65歳以上の高齢者になったと考えてよいでしょう。

社会保障費増加も大きな問題となっています。

ただでさえ減少傾向にある生産年齢人口の中核を占める40代・50代の人材が十分に活躍できず、その結果として解雇されて生活破綻する人が増えたり、会社そのものが倒産するケースが増えたりするようであれば、ゆくゆくは国全体に影響が出る可能性も高くなります。

また、前述した高年齢者雇用安定法の改正もあり、ミドルシニアも含めた日本人全体が、より長く生き生きと活躍できる社会の構築が社会的にも必要とされています。「働かないおじさん」問題は、本人や雇用している会社の問題だけではありません。本人・会社・社会が最適解を模索し相互に努力し続けることが、より良い持続可能な日本社会を実現することに繋がるのではないか、と思います。

働かないおじさんは「日本型雇用システム」の副産物

ここからは「働かないおじさん問題はなぜ発生するのか？」を考えてみたいと思います。本質的な原因が見えてくれば、解決策が見えてくる可能性もあるでしょう。

「日本型雇用システム」の運用が難しくなってきた、という声が２０１９年前後から経済団体や大企業から聞かれるようになってきました。

「日本型雇用システム」とは、「新卒一括採用」「終身雇用」「年功序列型賃金」等を特徴とする仕組み全般を指し、「新卒で入社した会社で、定年まで勤務しながら徐々に賃金や職位が上がっていく」イメージになります。

この仕組みは、日本経済が右肩上がりの成長を遂げていた時代には有効に機能していました。

商品寿命やビジネスモデルの寿命も長く、技能の熟練が重視される時代では、安心して働きながら経験を蓄積した「経験あるベテラン」の方が活躍できたからです。また、経済も企業も成長を前提としていた中では、ポストも増え続けるため、「経験豊富な人材を管理職に登用して拡大する組織を運営していく」ことも合理的でした。

しかし、これまで書いてきたとおり、さまざまな環境変化や日本の構造変化に伴い、従来型の雇用システムは最適解でない（外部環境変化に対応しきれない）場面が増えてきました。あらゆる分野で短期間のイノベーションや前例のない変化が起こり、市場への臨機応変な対応やアップデートが求め続けられる中、「経験あるベテラン」の技能や「従来型の管理手法」を生かす場が、企業の中で失われつつあります。

この結果、企業に今までの文脈で誠実に長年勤めた、ある意味「真面目な」ミドルシニアほど過去の環境や雇用システムに適応し過ぎてしまった結果、そのままのスタイルでは活躍が難しくなっています。

「ピーターの法則」によって組織は無能で埋め尽くされる

次は、「働かないおじさん」問題の発生理由を、社外環境ではなく社内環境で考えてみたいと思います。

アメリカの教育学者、ローレンス・J・ピーターが提唱した、「ピーターの法則」という組織構成員の労働に関する社会学の法則があります。

この法則によると、「組織において構成員は能力の限界まで出世し、限界を迎えるとその地位に落ち着く（出世しなくなる）。その結果、**どの階層も無能な人材で埋め尽くされる**」とされています。

終身雇用・年功序列型賃金・企業別組合などが理由で定年まで降格も退職もしない組織の場合、この傾向がより顕著に発生します。なぜなら、一度昇格してしまえば、昇進後のポジションで必要とされる職務遂行能力がなかった（または外部の変化で能力が通用しなくなった）としても、懲戒事由でも発生しない限り降格されないので、能力不足な状態、即ち「無能化」したまま地位を維持することになるからです。

ゴーイングコンサーンという、財務諸表を作成する上での前提条件があります。この言葉の意味するところは、「企業というものは将来的にも存続し、事業を継続するもの」というものです。基本的には企業というものは、ずっと続くものだと考えられ（期待され）、経営されています。

しかし、先ほど説明したピーターの法則が指摘するような「どの階層も無能な人材で埋め尽くされる」状態になってしまうと、その企業の存続は危うくなってしまうでしょう。

ピーターの法則を乗り越えて、組織を維持または成長させ続けるためには、外部環境やゲームのルールが変わった際に、**柔軟かつ迅速に対応できる人材を揃え、体制を最適化する**必要があります。

そのためには「現在のポジションにいる人材が、期待される以上の能力を開発・発揮する（適材適所）」または「ポジションに最適な人材を、配置・入れ替えできる状態にする（適所適材）」のどちらかが求められます。

社員も会社も、変化せざるを得ない時代

一括採用した社員を定年まで雇用し右肩上がりで処遇し続けるという、多くの日本企業で続いてきた雇用システムは、社員にも会社にも温かくありがたい仕組みかもしれません。

しかし一方、本来期待されている活躍や変化対応ができない社員が増加して固定化し続けてしまうと、環境変化に対する企業の機動性が損なわれ、新しいニーズに適応しきれないという問題を生み出します。結果として、企業の競争力や成長力が鈍化し、本書で注目しているミドルシニアだけでなく**若手も含めた社員のモチベーションを押し下げる状況**を生み出すことに繋がります。

これまでの日本企業では、社員が新卒で入社後に初めは給与を低めに抑えられるものの、毎年の昇給や一定年齢での昇格を続けることによって最終的な生涯賃金と成果が均等化される形になっていました。

国税庁の「民間給与実態統計調査（令和元年度）」では、男性社員の20歳～24歳平均

給与は278万円、50歳～54歳で679万円と、2倍以上になっています。（最近は、新卒入社時から給与や賃金体系にメリハリをつける企業も散見されています）

これを社員の立場から見ると、「若い頃は安い給与で使われるが、年をとってからそのモトを取る」という考え方になるかもしれません。

このシステムは日本企業が強い競争力を持っている時代にはうまく機能していました。しかし、グローバル競争の激化に伴ない、これまでのように全社員を長期に渡り厚遇し続けることが難しい時代になったのです。

以前のビジネス環境に適応していたシステムが、時代の変化に伴って疲弊してしまったことが、「働かないおじさん」問題を顕在化させたのだとも考えられます。

「働かないおじさん」とは、どんな人なのか？

ここからは、改めて「働かないおじさん」を考えていきたいと思います。「働かないおじさん」というと、どのような人物像を思い描くでしょうか？

●「バレないようにパソコンのゲームで一日中遊んでいる」
●「喫煙所でタバコを吸いながら雑談ばかりして、席にはほとんどいない」
●「朝から晩まで新聞や雑誌を隅から隅まで読んで過ごしている」
●「腕組みをして聴いたふりをしながら、会議で居眠りしている」
●「PCやOA機器が使えず、若い人に操作をお願いしている」

こういう「不真面目でリアルに働いてない人」のイメージは多分にマスコミ的な虚像になりつつあります。このような人たちは、実際のコンサルティングの現場では、そんなに多く存在しません。

かつてはこういう人もいた（今も若干はいる）のは確かでしょう。しかし、企業側も余裕がない状況に追い込まれた現在、こうした「働くことをボイコットしている人」に対しては、さすがに注意・指導・懲戒・退職勧奨などの対応がなされているため、改めて相談を受ける機会はあまりありません。

一方、実際に相談を受けることが多いのは、以下のような社員に関するものです（現実は複合的な要因で発生しますが、問題を整理するために類型化します）。

タイプ 1 期待している成果が出ない（成果のミスマッチ）

期待未満の成果が続いてしまっている状態です。人間的には良い人で言われたことを真面目に取り組んでいるが、仕事に対する創意工夫や自主的な学習が足りず、単に与えられた業務をこなしている人などが当てはまることが多いです。

タイプ 2 仕事への意欲が不足している（意欲のミスマッチ）

周囲から見て、やる気が無いと感じられる状態です。特に、役職定年や定年再雇用などで役割や処遇が変化した場合に起こりやすいです。「肩書や給与が下がったので、その分だけ働く」という意図的な場合もあれば、「第一線ではなくなったので、あまり目立つと後輩や若手の邪魔をしてしまう」という遠慮から、意欲が下がって見える場合もあります。

タイプ 3 本人が良かれと思ってやっている言動がズレている（期待のミスマッチ）

やる気はあるが、ピントが合っていない状態です。プレイヤーとしては優秀だったのに、管理職になって仕事を人に任せたりチームで成果を出したりすることができず、自分の力で解決しようとして部下の動きを止めてしまう人などが、このタイプに分類されます。

タイプ 4 成功体験が邪魔して話が伝わらない（コミュニケーションコストの問題）

以前はエース社員として活躍していたものの、考え方や意見が次第に最新の環境や手法と合わなくなり、そのことに本人が気付けない状態です。会社やチームが新しいことを始めようとすると過去の経験から否定的な意見を出して会議を白けさせたり新しいやり方に反発したりする人もいます。本人も上司も自分の成功体験に自信があるほど、コミュニケーションが感情的になったり対立的になったりする場合があります。

タイプ 5 年上部下・年下上司が、お互い遠慮してしまう（心理的コストの問題）

上司と部下の年齢や勤続年数が逆転している状態について、最近は相談が増えています。どちらの言い分も一理ある場合など、お互いに遠慮して最終的な行動や結論が中途半端になったりします。現在の上司にとって元上司だったり部署の大先輩だったりするケースもあるため、上司・部下双方がなかなか腹を割った話がしにくい場合があります。

タイプ6 改善や変化をするのに時間がかかる（時間的コストの問題）

長年の行動が習慣化されていて、改善に時間がかかる、または改善してもすぐに元に戻ってしまう状態です。注意・指導を行った時はひとまず改善するのですが、本質的な納得や行動変容まで至っていない場合、時間が経つとまたもとに戻ってしまうため、忙しい上司ほど「この人には言っても無駄だ」と短絡的に判断しがちです。

「働かない」ではなく「働けない」ことが問題

これらの社員は、決して悪意を持って「働かない」わけではありません。また、勤労意欲がないわけでもなく、本人としては、真面目にコツコツやっているし、また、今までそれなりに頑張って働いてきた、成功してきたという自負を持ち合わせている人も多いでしょう。

本人としては意欲を持って働いているけれど、周囲の期待に対して十分な成果が出せなくなってしまっているため、「あの人は働いていない」という評価になってしまっているのです。つまり、**「働かない」のではなく「働けない」**のです。

本人に悪意があるわけではない分、企業側も対応に苦慮することが多いようです。

以上の話から分かるとおり、企業から活性化を依頼されるような「働かないおじさん」は、まったく働いていない（あるいは意図的にサボっている）わけではありません。働いてはいるものの、周囲の期待する役割と成果や行動にギャップが生じてしまっている。その原因は、本人ではなく、上司・会社・人事・同僚など周囲の関わり方にある場合もあります。

もちろん会社の期待に応えられていないのは、ミドルシニアに限った話ではなく、若手社員にも起こりえる現象です。

しかし、ミドルシニアの場合、若手より報酬が高く、より責任や影響力のあるポジションに就いているケースが多いため、「働かない」場合の企業の損失が（若手よりも）

ずっと大きくなります。これが「『働かないおじさん』問題」が表面化してきた理由と考えられます。

次章以降では、こうした「働かないおじさん」問題で生じているギャップの解消について、具体的なアプローチを考えていきます。

この章のまとめ

- ☑ 「働かないおじさん問題」の原因は、本人だけでなく日本の雇用システムや環境変化などが複雑に絡み合った社会問題。

- ☑ この問題を放置することは、会社にも本人にも大きなリスクが存在する。

- ☑ 「働かないおじさん」は故意にサボっている人ではなく、真面目に頑張っているが「うまく働けない」ミドルシニアが中心。

- ☑ 「うまく働けない」理由やパターンはさまざまである。解決を目指すには、個々の事情にあわせた誠実な対応が必要。

- ☑ 日本独自の雇用システムが「働かないおじさん」と呼ばれるローパフォーマーを作ってきた側面もある。解決するためには、こうした経緯や背景も考察する必要がある。

第2章

問題解決を遅らせている「三すくみ」

この章でお話しすること

☑「働かないおじさん問題」を解決するために、企業は何をすべきか

☑「働かないおじさん」本人が、働けない理由

☑「働かないおじさん」の上司が、問題を放置してしまう理由

☑会社（人事&経営者）が問題を先送りにしてしまう理由

☑「働かないおじさん」を生み出す原因となった3つの「変化」

「働かないおじさん問題」を解決する3つの方向性

「働かないおじさん」とは、どういう人か。第1章で解説した内容をまとめると、「**周囲からの期待と成果にギャップが生じているミドルシニア人材**（特に40代後半から50代）」となります。

なぜ近年になって「働かないおじさん」問題が顕在化してきたのか。

ミドルシニアの意識や能力が急激に低下したわけではありません。**大きく変わったのは周りの環境**です。

グローバル競争、ＡＩ進化、ＤＸ、少子高齢化、働き方改革、ジョブ型雇用、テレワーク、バブル世代、人生１００年時代、70歳就業機会、ＶＵＣＡ、新型コロナウイルス等、目まぐるしく変化する環境で、ギャップが生じる速度と乖離の幅が過去に比べて大きくなってしまっています。

企業としては上記の環境下で存続・成長し続けるために、「ギャップが生じている働かないおじさんを何とかしたい（してあげたい）」と考えます。

「何とかする」ためには、大きく3つの方向性があります。

- 「成果を上げる」
- 「期待を下げる」
- 「関係を解消する」

それぞれ具体的に見ていきましょう。

方向性 1 成果を上げる

「企業側の期待」と「本人が発揮する成果」にギャップがあるから問題なので、この2つが釣り合えば問題は解決します。「働かないおじさん」が期待以上の成果を創出する「働くおじさん」になれば、企業も本人もWin-Winです。

方向性 2 期待を下げる

成果を上げることが難しい場合、「企業側の期待（＝給与や役割等級）」を下げて釣り合いを取ることも問題解決に繋がる可能性があります。これはつまり、「成果に見合った処遇にします」ということです。実際、管理職としては活躍が難しかった人材が、担当者として生き生きと活躍するケースもあります。

ただし、「達成率が50％だから給与も50％」という極端な変更は不利益変更として法律違反となる可能性が高いです。あくまで就業規則の範囲内での変更となります。

方向性 3 関係を解消する

成果の向上も期待の低下も難しい場合、雇用関係を解消することも解決策にはなります。一方的な解雇ではなく、話し合いによる雇用契約の合意解約（退職勧奨）は、合法的な行為です。

ただし、当然ながら本人の合意が必要ですし、本人の自由意思を妨げて退職を強制するのは違法行為（退職強要）となります。

どの方向性を目指すべきか

法律的な観点も含め、2・3の選択肢は企業側もリスクが伴い、**本人側も「今の会社や役割で活躍したい」と考える**場合が多いため、できれば1の選択肢（成果を上げる）を目指すことが双方にとって望ましいと考えています。

「**働かないおじさんが、期待以上の成果を上げる**」ための問題点や対応策を考察することが本書のテーマになります。

働かないおじさん問題を生む「三すくみ」の構造

「働かないおじさん」が生き生きと「働く（成果を出せる）おじさん」になるには、本人・上司・人事（経営）の三者が団結して努力することが重要です。

残念ながら、実際にコンサルティングや研修でご相談をいただく現場では、一致団結とは程遠い「三すくみ」のような言動を見掛けることも少なくありません。

本人側の視点

「上司や人事が分かってくれない」「今更頑張っても無駄」

上司側の視点

「やる気がない本人に問題がある」「今更言っても無駄」

人事側の視点

「現場の上司がマネジメントすべき」「余計なことを言うと現場の士気が下がる」

直接言葉に出すかは別として、「問題は自分ではなく相手にある」「言っても無駄」という他責的・自己防衛的なスタンスが見え隠れする企業ほど、お互いの信頼関係が毀損していて問題が深刻化している傾向があります。

こうした状況に対して、何の分析も戦略も構想も持たずに「皆で前向きに頑張ろう！」「自主的にチャレンジしよう！」と言っても、掛け声倒れに終わります。

拙速に問題解決に走らず「なぜ、こうした三すくみが生まれるのか？」「嘘をついていないとすれば、各自どう現状を見ているのか？」に関して、それぞれに本音を開示してもらい、**正確に状況を把握することが最初のステップ**になります。

人は、それぞれの立場での視点（パラダイム）や物語（ナラティブ）を持っています。同じ事象や問題でも、立ち位置が異なると見え方も異なります。

例えば、実際にミドルシニア再活性化の依頼を受けたコンサルティングの現場では、三者がこんな視点（物語）を持っていました。

本人側の視点（物語）

「どうせなら、良い評価をされて気持ちよく働きたい」

「自分なりに言われた通りに頑張ってきた。評価する側がそこを見ていない」

「いきなり主体的になれ・挑戦しろ・自分の頭で考えろ、と上司や経営陣から言われても何をどう頑張れば良いか分からない。手の平を返された感じがする」

「主体的に挑戦しろと言われても、失敗すれば怒られて人事評価が下がる。正直者が損をする」

「人事は、長年勤めてきた自分たちの給与やポストを下げる話ばかり（定年再雇用や役職定年など）。処遇が下がった分しか働きたくない」

「評価の低い自分が何を言っても、上司の見方も人事制度も変わらない」


こう書くと、ずいぶん身勝手だ！とか、そんなことだから評価されないんだ！などと思われるかもしれません。

が、大多数のミドルシニア人材は、自分のできる範囲でできる限りのことを実直にやっていて、「最近、急に上司の言うことが変わった」「挑戦しても失敗したら評価が下がる」「人事制度は、今後の処遇低下ばかり」「何を言っても評価が変わらない」という現状認識を持っています。

その意味で、**彼らのほとんどは事実に基づき論理的に行動をしている**と言えるかもしれません。

（ただし、自分の行動で状況を改善する、という視点が抜けているケースが多くあります）。

上司側の視点（物語）

「どうせなら、部下が気持ちよく働いて成果を出してほしい」
「言われた通りではなく、ベテランなんだから自分の頭で考えてほしい」
「変化の激しい時代に、手取り足取り正解を教えられない」
「成果が出ていない事実と、厳しい評価は伝えたので、後は本人次第」
「人事も、中高年のやる気や処遇を下げるような制度ばかりで勘弁してほしい」
「やる気に乏しく変化の見込みも低い年上部下と付き合う時間は取りにくい」

上司は当然「働かないおじさん」が成果を出してくれることを期待しています。しかし、これがやはり難しい。第1章でも紹介したとおり、「働かないおじさん」化する原因は色々あります。

「本人のスキルや働き方自体が古くなってしまった結果、従来の延長線や上司が指示をするだけでは本質的な解決に繋がらない」、「周囲の環境や世の中が変わった結果、スキルにマッチする仕事自体が消滅してしまっている」等のケースもあります。上司側も「何が正解か」が分からない場合も増えています。

また、日本企業に多いのは、「管理職がプレイングマネージャーで忙しすぎて、部下と向き合ったり、部下の育成を考える時間が取れない」という問題です。「上司が時間をかけて真剣に向き合えば改善できる可能性がある」と分かっていても、時間がそもそも取れない。そういう企業は数多くあります。

上司は上司で「**管理職としての仕事を、部内の誰よりも忙しい中で自分なりにせいいっぱいやっている。問題は本人と人事**」という現状認識を持っています。

（ただし、自分の面談手法やリーダーシップスタイルを改善する、部下の本音を聴く、という視点が抜け

ていることは多くあります）

人事側の視点（物語）

「どうせなら、社員が気持ちよく働いて成果を出してほしい」
「言われた通りではなく、自律的に自分の頭で工夫してほしい」
「部下をマネジメントするのは、現場上司の役割」
「研修や人事制度など、やる気や能力を高める仕組みは用意している」
「原資やポストに限りがある中で、全員に平等な処遇はできない」
「活躍が難しい人は、自分で気付いて去ってほしい」
「人事は裏方なので、現場に指図や介入をし過ぎると逆効果になる」

経営陣も人事も、社員に嫌がらせをしたいわけではありません。やはり本人に成果を出してほしいと考えているのです。

しかし、これはこれでやはり難しい。

「全社員にとって都合のよい給与体系や人事制度」など存在しませんから、全員が納得することは難しいです。

特に最近は、年功序列的な賃金体系ではなく「成果や貢献に基づいたメリハリが効いた人事制度」によって、目まぐるしく激しい環境変化に適応できる人材集団を目指す場合が多く、「成果が不足していて、今までの処遇が高い」ミドルシニア人材は、手の平を返された感覚を持ち易くなります。

人事側は「**現状では最善と思われる制度を会社は用意しました。上手く活用して、管理職も本人もベストを尽くしてください**」という現状認識になります。

（ただし、現場の問題に深く踏み込む、上司の不足している点を指摘する、という視点は抜けていることもあるでしょう）

責任のなすり合いでは先に進めない

「本人」「上司」「経営陣や人事」の三者の視点は各論では間違っていませんが、それぞれ「どうせなら、良い状態であってほしい」と願いつつ、「最後は相手次第で、自分ではどうにもできない」というジレンマを抱えています。

その結果、三者とも「自分以外の二者が、できる範囲で改善してください」と問題を先送りしがちになります。

「どうせなら」という思いの背後に「**自分はこれ以上できることはない**」「**私は悪くない**」という他責思考を感じることがあります。

「三すくみ」の状態を改善するには、三者が三者とも他人任せにせず、不都合な状態が生じているのは自分にも責任があると認識し、お互いが真剣に問題と向き合い解決しようとする姿勢と戦術が必要になります。

「働かないおじさん」を生んだ企業を取り巻く環境の変化

第1章では「働かないおじさん」が生まれた原因について「企業側から見た問題」「本人側から見た問題」「日本社会から見た問題」などの観点から考察しました。

ここでは、特に**「企業側から見た問題」にスポットを当て、**「働かないおじさん」問題に繋がる変化について考えます。

「働かないおじさん」が生まれる理由①

経営環境の変化

経営合理化などを目的として「事業の選択と集中」が進むと、コア業務以外の事業や間接業務のアウトソーシングが行われることはよくあります。

その場合、該当業務に従事していた社員は「仕事がなくなる」という状態になります。既に説明したとおり、日本において「仕事がなくなったから一方的に解雇」は法律上困難です。したがって、異動や転籍によって、企業からの期待役割が変わるのが一般的です。

また、コンペティターとの競争が激しくなると、企業は市場で生き残るため、どうしても戦略の先鋭化が求められます。

「より高い価値」、「より安く」、「より速く」、「より広く」、「より新しく」などの差別化を実践していく中で、社員に求められるスキルセットも変化していきます。

こうした**環境の変化に際して、本人がキャッチアップできない**と期待と成果にミスマッチが生じます。特に、一つの業務やスタイルに長く適応していたミドルシニア社員ほど、変化対応への負荷が高くなります。

「働かないおじさん」が生まれる理由②
社会・法律の変化

社会や法律が変わることによっても、「働かないおじさん」が生まれてしまう可能性があります。例えば、過去のＣＭに謳われた24時間働くような、猛烈な勤務スタイルは、いまや違法性が高いでしょう。

「長く働ける体力や長時間労働を前提として成果を上げてきた」人は、それを生かせる場がなくなり、「限られた時間で成果を出す」スタイルが重視される時代になったといえます。

また、新型コロナウイルスの影響で適用する企業が増えたテレワーク・リモートワークも、上手く適応できる人・できない人が顕著に分かれました。「対面や出社を前提としたコミュニケーション」は難しくなり、「オンラインも対面も併用して適切なコミュニケーションを取り成果を出す」スタイルが今後も求められる可能性が高いです。

「働かないおじさん」が生まれる理由③
働く期間の変化

少子高齢化が進む日本では、今後ますます長い期間、生涯現役で働き続けるよう、社会的圧力が強まることが予測されます。

他方、ビジネスの現場ではＩＴのさらなる進歩により、すべての人が「新しい技術」にキャッチアップ・アップデートしていくことが求められるようになります。特に、いわゆるホワイトカラーとしての仕事人生を選ぶ場合、アプリケーションソフトやオンラインツールひとつ取っても、常に「便利な使い方」「最新のトレンド」を習得し続けることが求められます。

過去に類を見ないほど長く働く時代、**自分自身をバージョンアップし続けることを諦めてしまった**場合、数年で「働かないおじさん」となってしまう可能性があります。

「窓際族」として座れる「窓際」も消滅している

昔あった「窓際族」という言葉も、最近は耳にする機会がほぼなくなりました。決して好意的な表現ではありませんが、少なくとも以前の企業には「部下なしの閑職でも、そのままの肩書で雇用し続ける」余裕と体力があった裏返しかもしれません。

最近では、ミドルシニアの処遇に関しても、**職務内容を明確に定義した**「**ジョブ型**」**の人事制度**を適用する企業も増えています。

ジョブ型の場合、それぞれの専門性や強みを生かせる業務に特化できるので、経験豊富なミドルシニアが最前線で活躍できる可能性も十分考えられます。

一方では、余人を持って替え難い専門性や卓越したマネジメント能力を保有していない社員にとっては、「社内での居場所を、自分で勝ち取らないと生き残れない」というシビアさも含んでいます。

また、一時期問題になった「追い出し部屋」のように、社員から業務を取り上げる仕打ちは配転命令権の濫用やパワーハラスメントに該当し法律違反となります。

厚生労働省はパワーハラスメントを6類型に定義付けをしていますが、その中に「人間関係からの切り離し」「過小な要求」があります。

具体的には「隔離・仲間外し・無視」「業務上の合理性なく、能力や経験とかけ離れた程度の低い仕事を命じることや仕事を与えないこと」とされています。

窓際や追い出し部屋に追いやって仕事をさせないのは、この「切り離し」「過小な要求」そのものであり、倫理的にも法律的にも許されない時代です。

イレギュラーやイリーガルな抜け道を考えるのではなく、企業側も本人側も「期待と成果にミスマッチが生じている状態」を真正面から受け止めて、真剣に解決策を模索することが必要だと考えています。

この章のまとめ

- [✓] 本人、上司、人事それぞれの視点や物語が存在し、問題の解決を他責にする限り解決しない。

- [✓] 「3すくみ」の構造や相手の視点を理解し、「期待と成果のギャップ」を埋めるために3者が真摯に向き合う。

- [✓] 「経営環境・社会や法律・働く期間」が変化し続ける中、この問題は多くの会社や社員が避けて通れない。

- [✓] 「期待と成果にミスマッチが生じている状態」をお互いに真正面から見据える覚悟が必要。

- [✓] 昭和時代の「窓際族」と令和時代の「働かないおじさん」は本質的に別の問題であると理解する。

- [✓] 「窓際に追いやる」対応もできないし「窓際で逃げ切る」こともできない中、建設的な解決策を模索する。

第3章

「働かないおじさん」を生む3つのズレ（人事向けトリセツ）

この章でお話しすること

☑ 「WILL・MUST・CAN」でズレに気付き立て直す

☑ なぜWILL（意欲）が減退してしまうのか

☑ なぜMUST（期待役割）がずれてしまうのか

☑ なぜCAN（能力）が不足してしまうのか

☑ 「WILL・MUST・CAN」のギャップを埋める解決法

「ちょっとしたズレ」に気付き立て直せる仕組みをつくる

多くの企業では人事考課が本人に通達される機会が年に1～2回あります。会社からの評価が高い場合、自分の行動やパフォーマンスが期待に応えていることが確認できます。一方、評価が低かった場合、自分のパフォーマンスが十分でないことに気づかされます。

「おじさん」に限った話ではありませんが、仕事のパフォーマンスが落ちているときは何か理由があります。会社としては、本人との面談や研修を通じて、その「理由」を発見できる可能性があります。パフォーマンスが落ちている「理由」が分かれば、改善策を考えることもできます。

「年齢とともにパフォーマンスは落ちる」わけではない

今は「働かないおじさん」だったとしても、昔はバリバリと働いていた時期があったはずです。

入社した直後にいきなり「働かない新入社員」となり、その後もずっと「働かない若手社員」「働かない中堅社員」といった立場をずっと続けてきたような人が、20〜30年も会社に居座り続けるのはさすがに難しいでしょう。コンサルティング現場でも、そこまで長く問題が放置されているケースはごく僅かです。

では、「昔はバリバリと働いていた人たち」が、いつの間にか「働かないおじさん」になってしまう理由はどこにあるのでしょうか。

最初に思いつくのは、加齢に伴う体力の衰えや技術の進化かもしれません。それも当然あるでしょうが、実は精神面や心理面の影響も大きいのです。

同じ仕事を続けている人ほど「働かないおじさん」化しやすい

一般に、仕事に対して情熱を燃やしているときや、**少し背伸びをした「新しいスキル」を習得しながら「新しいチャレンジ」をやっているときに**、人間は大きな幸福感や集中を得ることができると言われています。

これは「**フロー体験**」と呼ばれる現象です（『フロー体験　喜びの現象学』M・チクセントミ

ハイ（世界思想社））。

逆に、「新しいスキル習得」や「新しいチャレンジ」などの刺激がない状態が続き、同じルーチンワークを繰り返すだけになってしまうと、その作業には習熟しても、新鮮な知的刺激が減り「飽き」「退屈」を感じるようになります。

そうした「飽き」の状態が定着してしまうと、そこから脱却することに面倒や怖さを感じるようになり、その人にとって（表面上は）居心地のよい状態が出来上がってしまうのです。この状態は「**コンフォートゾーン**」と呼ばれます。

省エネルギーと小リスクで対処できる状況をコンフォートゾーンと感じてしまった人は、わざわざ失敗するリスクを冒してチャレンジすることを望まなくなります。これが多くの「働かないおじさん」に見られる現象です。

人事や上司としては、本人が仕事に充実や集中を感じられるよう、**少し背伸びした挑戦機会**（「**ストレッチゾーン**」と言います）を本人と一緒に考えて提供することが有効です。

経験豊富で頑張っているのに「働かないおじさん」と言われてしまう理由

「働かないおじさん」を「ローパフォーマー」と表現することがあります。「ローパフォーマー」は、「期待された成果が発揮できない人材」を指します。しかし、実は「働かないおじさん」の能力や成果自体が若手社員と比べて低いわけではありません。業務能力や成果だけを単純比較すれば、ベテラン社員のほうが、入社数年の若手社員よりも高いことが多いです。

にもかかわらず、（業務能力も成果も低い状態の）新入社員はポテンシャル人材として期待され、（ある程度の能力と成果はあるはずの）ミドルシニア社員がローパフォーマーとして扱いに困ってしまうのは、両者に対する（会社や周囲の）「期待・役割」が違うからです。

日本では多くの企業が年功序列的な賃金制度や経験による能力向上を前提とした職能資格制度を採用しており、処遇（賃金や職位）は勤続年数とほぼ比例して上がっていくケースが多いでしょう。

しかも、一度上がった賃金が大幅に下げられることは、よほどのことがない限りありません。「就業規則には降給・降格の制度はあるが、実際に適用されることは、懲戒事由でもない限り滅多にない」という人事の本音を聴くことも多いです。

その結果、中高年層は若手に比べると、かなり高い賃金や職位をもらうことになります。そうなると当然、成果に対する期待値も高くなり、その期待に応えられなくなることで「働かないおじさん」のレッテルを貼られてしまうのです。

国税庁の「民間給与実態統計調査（令和元年分）」によると、25～29歳の男性平均給与は403万円、55～59歳の男性平均給与は686万円。つまり1・7倍の差があります。

単純に言えば、**ミドルシニアには20代社員の1・7倍の成果が期待されます。**

ギャップが生じ始めた際に、早い段階で「**本人がギャップに気付ける機会**」、「**本人と上司がギャップを埋めるために話し合う面談**」、「**ギャップを調整する仕組み**（制度）」を用意することが人事として必要になります。

「同じ業務を続けていると飽きてやる気が下がる」

「高くなる期待を上回る成果を発揮し続けないと、ローパフォーマー化する」

こうした問題を解決するために、シンプルですがパワフルなツールを紹介しましょう。

それが、「WILL・MUST・CAN」のフレームワークです。

パフォーマンスを上げるために必要不可欠な３条件とは？

「ＷＩＬＬ・ＭＵＳＴ・ＣＡＮ」のフレームワークについては、人事やキャリア開発に関わっている方ならご存知の場合も多いでしょう。少し詳しい方なら「もっと斬新で格好良いフレームは無いのか？」「デジタルでロジカルなアセスメントの方が便利」などと思われるかもしれません。

ただ、実際のコンサルティング現場で、「こうした当たり前のことを、上司も部下も驚くほど考えていないし、話し合えていない」「シンプルで分かり易い方が、日々のコミュニケーションで共通言語化しやすい」「真剣に、この３つの充実に向けて取り組むと、かなり効果が出る（実際の企業事例は本章後半に紹介します）」と痛感しています。

ＷＩＬＬは「やりたいこと」や「ありたい姿」など、**本人の意思や欲求や価値**観を意味します。

MUSTは「やるべきこと」や「周囲からの期待」など、**周囲からの期待役割やニーズ**を指します。

CANは「できること」や「得意なこと」など、**本人の能力、スキル、強み**です。

キャリア研修やカウンセリングでは、本人にこれら3つをそれぞれ円として図示してもらい、その円の重なり方や大きさによって、仕事に対するやる気・期待・能力といった「**自分の状態**」を把握してもらいます。

この図を初めて描くときは、円の大きさや重なり方について厳密に考える必要はありません。最初は本人の感覚に任せて図を描いて大丈夫です。

活用方法としては、自分で考えた状態を上司やキャリアカウンセラーと話し合い、重なりや大きさを広げていく方法を一緒に考えていきます。

WILL・MUST・CANが大きくかつ重なっている人は、ハイパフォーマーとして活躍している場合が多いです。

本人が仕事にやりがいを感じていて、その仕事が周囲から期待されており、実際それを遂行する能力もあるという、理想的な状態です。

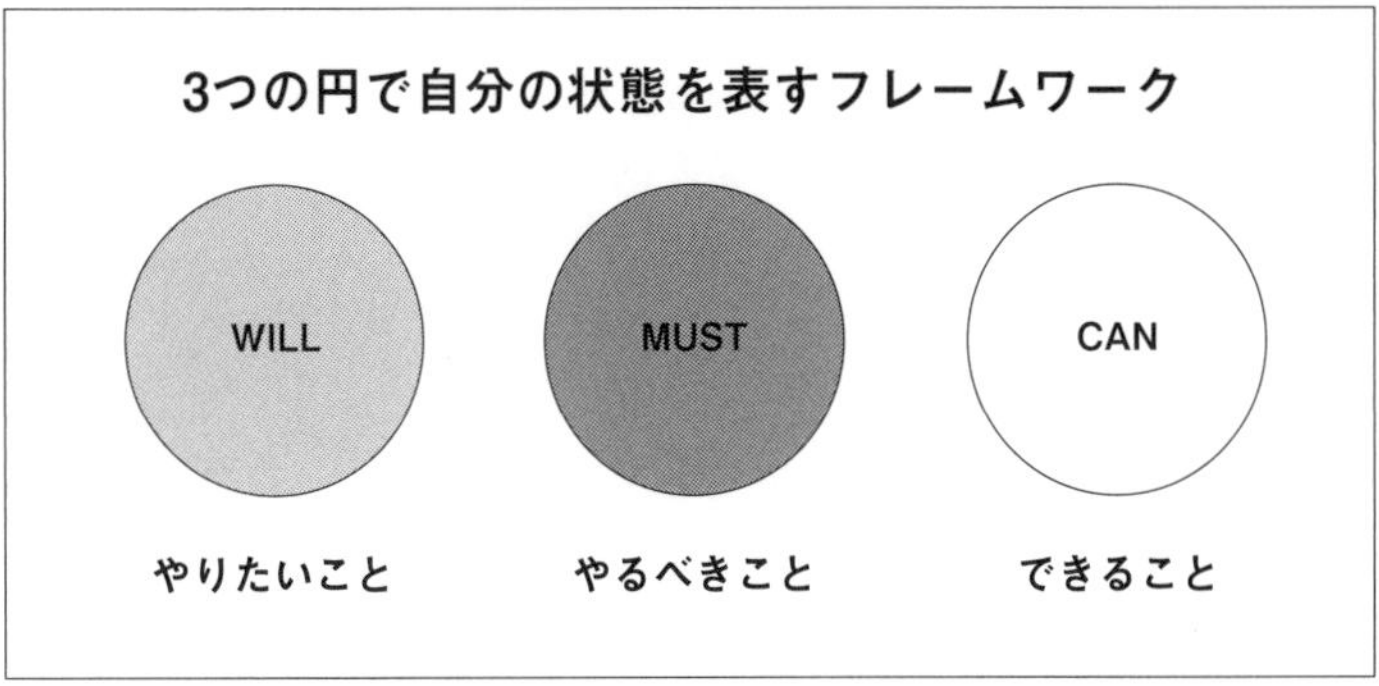

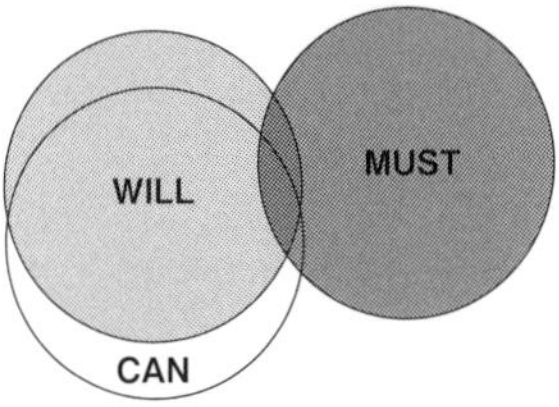

「やりたいこと＆できること」が
会社で「やるべきこと」からズレている

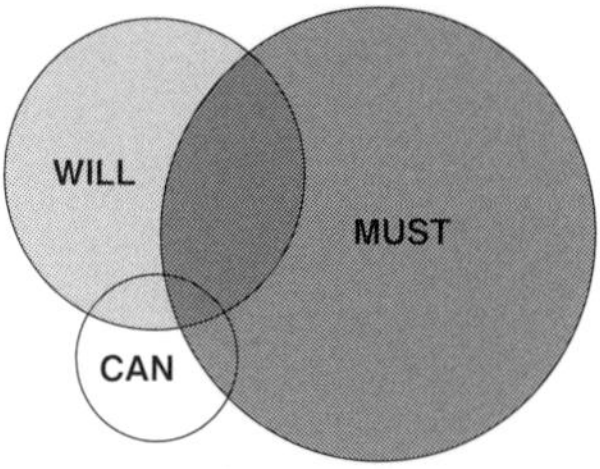

「できること」に対して「やるべきこと」
が多すぎる

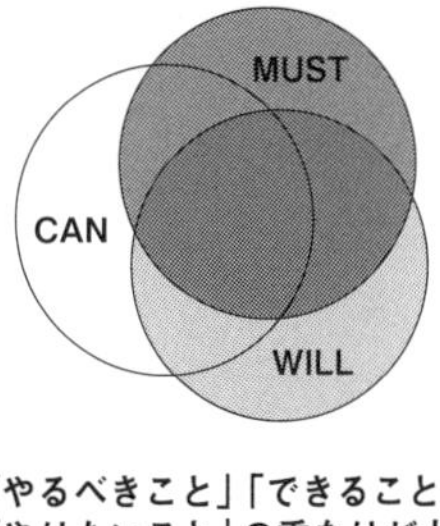

「やるべきこと」「できること」
「やりたいこと」の重なりが大きい、
理想に近い状態

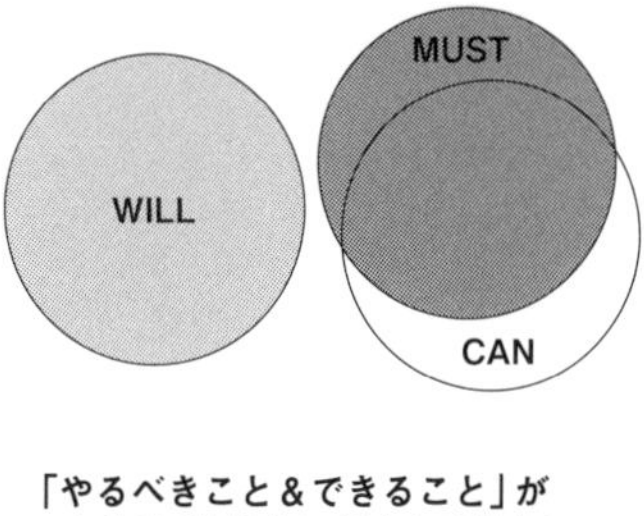

「やるべきこと＆できること」が
本人の「やりたいこと」ではない

一方、ローパフォーマーはＷＩＬＬ・ＭＵＳＴ・ＣＡＮのいずれかが「小さい」、または「離れている」など、ズレが生じた状態になっていることが多いです。

このようなギャップが生じる原因は、本人側に問題がある場合もあれば会社側にある場合もあります。「成果が出ないのは、本人の責任だ」などと上司が一方的に決めつけると、建設的な問題解決に繋がりません。


問題を解決するためには、上司（または人事）から「お互いに改善できることがあるかもしれない。一緒に考えよう」と謙虚かつ真剣に対話する姿勢が大切です。その上で「何がギャップなのか」「ギャップをどう解消するか」「どのような状態になりたいか」について、本人と上司で共有しながら検討し、人事が両者を支援する三者の連携が、ローパフォーマーを減らすことに繋がります。

ここからは「ＷＩＬＬ・ＭＵＳＴ・ＣＡＮがなぜズレるのか？」を解説します。

ＷＩＬＬ（やる気や意欲）が低減する理由

普通は、入社当初からいきなりＷＩＬＬ（やる気や意欲）が無い人はいません。少なくとも、自分の意志で採用選考を受けに来て「御社で〇〇の仕事をしたい」「こういう点に魅力を感じています」と言っていたはずです。

ＷＩＬＬが減退してしまう本人側の原因

理想と現実のギャップ（自分が期待していた仕事、状態、成果、評価が得られないなど）。また、心身の衰えや不調、飽き、人間関係、家庭問題なども、意欲が減退してしまう原因になる場合があります。

ＷＩＬＬを減退させてしまう会社側の原因

コミュニケーション不足（本人の志向を把握していない、本人が望まない仕事や役割を与えているといったミスアサイン、そもそも話自体をしていない、など）。

動機付けを高めるには、「やるべき仕事が自分のやりたいことや、ありたい姿に繋がっている」ことと、「プラスでもマイナスでも、自分の行動に対してフィードバック」

があることが重要です。

若手には細かく話を聞いてフィードバックしていても、ベテランの部下には小まめなコミュニケーションができていない（やっていない）上司が見受けられます。「ベテランなので、やる気なんてあって当然だし本人次第」「今更、やりたいことや希望を改めて聴くのも違和感がある」と言う上司は存在します。

しかし、いかにベテランであっても、やる気を保つためには上司や周囲からのフィードバックは不可欠です。実際、大手企業の50代管理職向けの研修でも、「やっぱり、人から褒められたいよね」「楽しい仕事と、楽しくない仕事はあるよ」「後から振り返って、やり切ったと言える会社生活を歩みたい」など、若手社員と変わらない気持ちの吐露を多数聞きます。

会社内での立場が上がると、周りからの承認機会や素直に自分の欲求や意志を吐き出す機会が減ってしまっていることもあるので、人事や会社側が工夫して機会を設けてあげる必要があるかもしれません。

ＭＵＳＴ（期待役割）のずれはなぜ起きる？

年齢も勤続年数も高いミドルシニア社員の場合、ＣＡＮ（能力）以上にＭＵＳＴ（期待役割）がずれているケースが多数見られます。

ＭＵＳＴがズレていると、どんなに本人が頑張っても、価値ある成果を出すことはできません。本人は頑張っているつもりなので、会社や上司から評価されないと被害者意識や不満足感を持ちやすくなります。

経験や能力もあるはずなのに成果が出なかったり、やる気はあるけれど空回りしていたりする人の場合、**本人側、会社側の双方に原因がある**場合があります。

MUSTがずれる本人側の原因

期待の誤解（理解や情報不足。経営方針や事業戦略などの情報が古い。上司との確認不足など）。

また、自分の都合よく期待を解釈していることもあれば、自分の立場や雇用を守りたいという気持ちから、周囲の期待を「誤解」でなく「曲解」している場合もあります。

ＭＵＳＴがずれる会社側の原因

説明不足（戦略や方向性の変化や更新を個に落とし込んでいない。期待する働き方や成果を明示していない）。また、全体通知のみで本人の理解を確認していないなど、確認不足が原因の場合もあります。

たまに「若手じゃないんだから、会社の期待は言わなくても理解しているはず（理解するべき）」という経営者や上司がいますが、相手が超能力者でもない限り、言わなければ以心伝心で分かるはずがありません。

期待役割を伝えていなかったり、上司が言語化できていなかったりする場合、責任は本人ではなく、はっきり言って上司や人事の怠慢です。

特に中期経営計画や事業構造改革、経営体制の変更などで、会社の戦略やビジネスモデルが大きく転換する際には、一方的な通達やＷＥＢの案内だけでなく、対面で今後の期待役割を伝えた上で、どう理解したか本人の口で言語化してもらうほうがよいでしょう。

ＭＵＳＴに関しては、テレワークやＡＩ化が進んでいる現在、「動画で経営メッセージを発信」「チャットツールで資料を共有」「経営者や上司が言いっぱなし」などで終わらせてしまい、社員個人に届いていない場合が見受けられます。

例えば「価値あるソリューションを顧客に提供する」などの抽象度の高い言葉は同床異夢（同じ言葉に対して違う解釈をしていること）が起きやすいので、「価値とは何か？」「ソリューションとは具体的にどういうことか？」「顧客とは誰か？」「あなたは何をすべきか？」などをしっかりと話し合って、細部を確認しておくと後からお互いに「こんなはずじゃなかった」という齟齬が起こるリスクを回避できます。

ベテランなのにＣＡＮ（能力やスキル）が不足する社員が増加

ＣＡＮ（能力やスキル）の不足は、一般的には新入社員や中途入社者、配置転換した社員に発生しますが、最近は技術の進展や戦略変更に伴い、経験豊富なベテラン社員でも能力的についていけないケースも増えています。

ベテラン社員が能力的に不足する場合、単にＯＪＴなどの教育だけでは解決しない場合があります。

CANが不足する本人の原因

「変化対応力」と「学習意欲」の減退。

意欲は高いが業務遂行に必要なスキルや知識が不足している場合は、教育や本人の努力で解決しやすいです。一方、「変化自体に抵抗感がある（面倒くさい、失敗が怖い、今までのやり方に固執したい）」場合、まずは「変化の必要性」「小さな変化での成功体験」「変化しないことのリスク」等を上司や人事が伝えていく必要があります。

また、「新しいことを学ぶことへ抵抗感がある（面倒くさい、興味がなく頭に入らない、意味が無いと思っている）」場合、いくらe-ラーニングなどで教育機会を与えても、学習効果が高まりません。

CANが不足する会社側の原因

「注意指導の不足（成長してほしいこと、改善が必要なことなどを伝えていない）」がまずは原因として挙げられます。また、「不適材不適所（本人の興味や強み、またはキャリアを考慮せずに業務や職務の配置を行う）」ことも、本人に興味がないことを学ばせる（やらせる）ことになり、学習意欲を低下させやすくなります。

「**変化し続ける能力**」や「**学び続ける意欲**」は、これからの時代はますます重要になると考えられています。

『LIFE SHIFT』（リンダ・グラットン、アンドリュー・スコット／東洋経済新報社）では、人生100年時代を切り開く大きな資産として「変身資産」を挙げています。

ダボス会議のレポートでは、「今後の労働市場でトレンドになると予測されるスキル」の2番目に「積極的な学習と学習戦略」が挙げられています。

しかし、新しい技術や変化が次々に生まれる中で、ベテラン社員に向かって単に「変化しなさい」「スキルアップしなさい」「勉強しなさい」と強制するのは継続的な効果が低いといえます。そこで、戦略的に学習を促す工夫が必要となります。

- 「好きなことの方が、基本的に学習効率が高い（興味がある情報の方が、脳の扁桃体が活動して海馬が長期記憶しやすくなるそうです）」
- 「新しいことを学習・習熟すると、試したり発信したりアウトプットをしたくなる（陽明学で「知行合一」と呼ばれます）」

● 「新しいスキルを使って少し背伸びすることに挑戦して達成できると、強い高揚感を味わう（前述したフロー体験）」

「好きなことに関係する新しいことを学ぶ→新しい知識を使って、少し背伸びした仕事に挑戦する→できたことが快感で好きになる→周囲から認められる→できたことに関係する新しいことを学ぶ」という**サイクルをつくることが効果的**です。

WILL・MUST・CANの優先順位

ＷＩＬＬ・ＭＵＳＴ・ＣＡＮが大きく重なった理想の状態に近づけるには、ＷＩＬＬ（やりたいこと、ありたい姿）の把握と動機づけが最重要となります。

本人のＷＩＬＬや興味が分かれば、伸ばしやすいＣＡＮの把握や、ＭＵＳＴとの両立（やるべきこと、やりたいことが重なっている）も可能になります。

ただ、上司や人事はつい「この仕事をしてもらわないと困る（ＭＵＳＴ）」や「不足している知識をとにかく学ばせる（ＣＡＮ）」と考え、ＷＩＬＬに目が向かないケースが多く見受けられます。

一方、成果が出ない状態が続いているローパフォーマー本人も「ありたい姿なんか、考えたことない」「自分の立場や状況で、仕事の好き嫌いを言ってもしかたがない」「家族を養うために働いているだけで、やりがいなんか意味がない」など、WILLに目が向かないケースが多く見受けられます。

そうした状況下で、いきなり「あなたのやりたいことは何？」「仕事のやりがいは？」「人生どうなりたい？」と聞いても答えは出ないかもしれません。

また、「上司は今の仕事の範囲内でやりたいことの回答を求めているだろう」「下手に真面目に回答すると、余計な仕事を増やされかねない」「夢みたいなことを語るのは実現できないと恥ずかしい」と忖度して、本音を隠してしまう人もいます。

本人のやりたいことを見つける質問とは

WILLは本人の「やりたいこと」や「ありたい姿」なので、必ずしも仕事関係でなくても構いません（極論を言えば、今の会社の延長線になくても構いません）。

「こんな仕事をしたい」「周囲からこう言われたい」「こういう人生を歩みたい」「こういう価値観を大事にしたい」「こんな状態になりたい」など、**本人が「本音・本気で願っていること」が明確になれば**、本人のWILLを実現するための行動を考え易くなりますし、本人も当事者意識を持ちやすくなります。

なかなか答えが出ない人には、次に挙げるような質問をじっくりと心理的に安全（上司から説教や説得されない）な状態で考えてもらうことで、ヒントが見つかる場合があります。

仕事に関して

仕事において大事にしたいことや譲れないこだわり
今までの仕事で、最も感動したこと、夢中になったこと
仕事のどの瞬間に、やりがいや充実を感じるか
同僚や顧客から言われて嬉しかったこと
これだけはしたくない！という仕事
毎日働く理由（お金を稼ぐ以外の理由はあるか？）
同じ給料がもらえるなら、他の仕事・会社で働くか？
制約条件（住宅ローン、教育費、転職の不安等）を外したら、何の仕事がしたい？
定年退職する日に、どう自分の仕事人生を振り返りたいか？
定年退職する日に、同僚や家族にどんなコメントを言われたいか？

人生に関して

人生において、ありたい姿
人生で最も嬉しかった瞬間、夢中になった瞬間とその理由
人生における、最も大事な人やこと
人生で、これだけは譲れないこと
こんな人生は嫌だ！という人生
今後の人生で、一番大事な瞬間
自分の人生を、どのように締めくくりたいか？
葬式の時に、大事な人たちにどんなコメントを言われたいか？
葬式の時に、自分の人生をどのように振り返りたいか？

ちなみに、定年退職や葬式の日など、ものごとの終わり（ゴール）から「自分のありたい姿」を振り返る作業を「**ゴールフォーカス**」と呼びます。特に、人生100年時代や70歳就業時代の折り返し地点前後にいるミドルシニアには、こうした問いをじっくり考えてもらうと効果があります。

「やりたいことやありたい姿なんて考えたこともない」という人でも、今までの人生や仕事の中で「嬉しかった」または「嫌だった」等、感情が動いた瞬間を振り返ると、ＷＩＬＬ（仕事観・キャリア観・人生観・価値観）のパターンが見えてきます。

ＷＩＬＬが大まかでも言語化・映像化できると、進む方向性（または進みたくない方向性）が見えてきます。そうなれば、方向性の実現に向けて、ＭＵＳＴとＣＡＮを揃えていくことが可能になります。

ＷＩＬＬ把握のため面談をする場合、上司は「自分の価値観を押し付けない」「目標設定に利用しようと考えすぎない」「自分がしゃべり過ぎない」「説得や論破しようとしない」「話を遮らない」「純粋な興味をもって聴く」などの注意が必要です。単に部下の話を聴くだけでなく、「自分の場合は、こんな経験があり、こんなＷＩＬＬを持っている」と**自己開示すると、相手のヒントや思考の促し、本音が言いやすくなる**場合があります。

本人のＷＩＬＬ（やりたい）を知らずに、ＭＵＳＴ（やるべき）とＣＡＮ（できる）の観点だけで改善を促すと、やらされ感での業務になり、以下に挙げるようなリスクがうまれます。

- 「学習効果が低くなる（好きなことと紐づけられていないため、脳に入りにくい）」
- 「動機付け効果が低い（自分で選んだという自律意識が醸成しにくい）」
- 「変化が習慣化しにくい（行動自体に動機づけされていないため）」
- 「成果が出ない時に他責にしやすい（自分の意志で決めた感覚が少ないため）」
- 「メンタル不調や燃え尽き症候群（バーンアウト）になる可能性が高まる（やりたくない仕事を嫌々やっている場合など）」

「部下が何をしたいか、どんな人生を歩みたいかなんて、話し合ったこともない」という場合、まずは本人のＷＩＬＬをしっかり聞くのが第一歩になります。

その際、仕事上のＷＩＬＬに誘導する必要はありません。**「人生で大切なこと」が明確になれば、それを実現するために仕事を頑張る道筋を一緒に考えやすくなる**でしょう。

最終的には、会社や顧客に対して「期待以上の成果を出すこと」が大事なので、「どの領域なら、自分は最大限成果が出せるのか？」「自分は何を本当にしたいのか？」と向き合うことはWin-Winに繋がるはずです。

働かないおじさん、典型的な5パターンと対応事例

WILL・MUST・CANのズレ方も実に様々なパターンが存在します。ここでは、比較的よくみられる5つのパターンと対応策を、実際にあった事例を使って説明します。

報酬と成果のミスマッチ型（MUSTとCANのギャップ）

「働かないおじさん」に近い意味で一時期ネットの話題になった「Windows2000」という言葉があります。「年収2000万円をもらっている窓際族」という意味だそうで、誰もが知っている有名なOSのことではありません。

日本では若手時代の給与を低めに押さえ、勤続年数とほぼ比例して大きく上がる賃金形態を採用している企業が少なくありません。

このような賃金形態の会社の場合、ミドルシニアの社員が給与の伸び以上の成果を上げられないと、報酬と成果にギャップが生まれてしまい、「働かないおじさん」や「Windows2000」のような問題が顕在化してしまいます。

企業事例

A社では、2年以上連続して最低評価になっている50代の営業職を集め、改善に向けて3日間の研修をお手伝いしました。

実施の背景としては、法改正や業界の環境変化により、営業活動の変革が必要となっていました。会社としては強い危機感を持ち、賃金体系や求められるコンピテンシー（行動特性）を変え、今まで以上に「新しい環境で成果を創出してくれる人には高く報いる」「成果の創出が難しい人には処遇が厳しくなる」というメリハリを利かせた方向に舵を切っていました。

研修の冒頭で、人事部長から直々にある通達がされました。

「皆さんの今の状態が今後も続くようであれば、会社としては処遇を下げざるを得ない。ただし、会社としては処遇低下が目的ではなく改善を期待したい。一年間を改善期間として猶予し、改善機会も提供するので、それまでに本気で変わってほしい」

この通達の後、弊社が対象社員と数日間の研修で付き合うことになりました。

対象社員たちは当初、諦めと反発ムードでした。低評価が続き、出世レースから外れ、60歳定年まであと10年を切った状態です。

「今更、無理」「厳しいこと言っても、どうせ何とかなる」「多少給与が下がっても、定年まで我慢すれば良い」「会社は、体よく自分たちを辞めさせたいのだろう」「今の上司と働く限り、評価は上がらない」といった投げやりな発言が、研修の中でも聴かれました（研修中は人事には退席してもらい、本音を開示しやすくしました）。

こういう否定的な状態に対して、**理詰めの説得や会社側に立った論破は効果が無く、余計にガードが固くなるだけ**です。本人の内省（自分と向き合うこと）が重要です。

研修では、内省を促すために色々な問いを、個人・グループで考えて話し合ってもらいました。

「あなたは今の状況に対してどう感じていますか」
「このままの状況が続くと、どうなると思いますか」
「自分としては、どういう状態になれると嬉しいですか」
「会社は、なぜ手間と金をかけて研修機会を用意したと思いますか」
「今までの仕事人生で、嬉しかった瞬間はどんな時ですか」
「その瞬間や気持ちと現状のギャップはありますか」

「ギャップを埋めるために、どんな行動が必要だと思いますか」

現状に対して少し投げやりになっている人は確かにいます。しかし、本音で「自分の人生がどうなってもいい」「仕事で評価されなくても構わない」と思っている人はいません。

会社が一方的に指示を出すのではなく、将来を自分自身で考えてもらうことが重要になります。難しい取り組みではありましたが、本人たちも少しずつ真剣に自分の人生や今後の変化に対して向き合ってくれるようになりました。事前に上司からも「あなたに期待していること」という手紙を書いてもらい、研修後半で渡すなどの工夫も行いました。

その後、改善プランを自ら立ててもらいました。そのプランをもとに上司と話し合い、相談を受けた上司も定期的に面談をしながら、「できたことは褒める」「できなかったことは指摘する」「必要に応じてアドバイスを送る」という取り組みを、３〜6カ月という長期間にわたり粘り強く続けました。

改善に向けた活動で重要なのは、彼らを頭ごなしに否定しないことです。たしかに、今でこそ低評価の状態ですが、かつては会社の業績を支えた重要な戦力だった人たちです。その自負を本人も持っている場合が多いです。だからこそ、法改正や環境変化により以前のように活躍できない現状に、上司以上に本人が不満や閉塞感を感じているのです。彼らの過去の活躍や今後の改善を信じたうえで、変わらなければいけないこと、変われば活躍できることを丁寧に説明し続けました。

その結果、ある受講者は、若手社員に混じってそれまで全く出ていなかった朝の勉強会に自発的に出て勉強し始めました。

それまでは営業所でもベテランということもあり、情報交換や相談できる相手もおらず孤立気味でした。しかし、余計なプライドを一旦捨てて若い人と一緒に新しい営業スタイルを学ぶことによって、「あの人変わったよね」「本気で頑張ろうとしている」とだんだんと周りの見る目が変わり始め、新しい人間関係もでき始めたのです。

そして3～6カ月が経過すると、徐々に成果が出始め、改善期間とされた1年が経った頃には、「今のグレードで求められているパフォーマンスが出始めているので、これまでと同じ処遇で活躍してください」と前向きな評価が下されたのです。

その企業では、受講者の7割が翌年にはミドルパフォーマー以上の評価を受けることになりました。残念ながら3割の方は成果や改善が不十分で処遇を下げることになりましたが、会社の本気度と改善のチャンスをもらったこともあり、その措置に納得していました。


このケースがうまくいったのは、**人事や上司が本気で向き合った**のが大きなポイントでした。

人事部長が直々に厳しくも率直な通達をするのは異例なだけに、会社側の本気度が伝わりました。また、上司も「この年上部下に、どうなってほしいのか」を真剣に考えたうえで手紙を書き、研修後は3〜6カ月の間毎週面談を行いました。

費やされた時間とエネルギーは大変なものになりますが、その労力をかけてでも、本気の期待と危機感を会社側が伝えたのも成功要因だったのでしょう。

期待役割のミスマッチ型（MUSTのズレ）

会社の制度変更や戦略転換に伴い、現在のポストやジョブと今後やってほしいと思っていることにギャップが生じるケースがあります。

最近では特に、ジョブ型雇用の導入、定年延長、AIの進化などで、ミドルシニア社員の職務が大きく変化する場合も増えています。

企業事例

B社では、「環境変化への対応」と「キャリア自律」を目的として、管理職を対象とした人事制度を変更しました。

従来は年齢で一律だった管理職の役職定年を組織の状況に応じて随時とし、役職から離れる管理職は社内公募制度や転身支援制度を活用して半年程で自分のキャリアを自分で選択する方向に舵を切ったのです。

役職から離れる理由は、若手を管理職に抜擢して世代交代を図りたいという部門もあれば、戦略変更の中で人数やポストが減ってしまう部門などいくつかありました。対象となった管理職は、会社がその後のポストや職務を提供する従来の方式ではなく、自分で探して見つける必要が発生しました。

そのため、対象者は「自分にはどういう能力があって、何がしたいのか、会社で今後求められる役割は何か」を改めて考え直さないと、仕事が獲得できなくなる可能性があります。

会社側ではこうした制度変更に伴い、さまざまな支援策を用意しました。「自社の仕事に応募できる社内公募制度や検索サイト」、「eラーニングでの新規スキル習得」、「キャリア研修で自分の強みや価値観を見直す機会」、「外部転身をする場合の転身支援制度」、「社内カウンセラーによる相談体制」などを提供した上で、６カ月程度の期間を設けました。

期間内に進路が見つからなかった場合は、最終的には社内のどこかの部署に職務を用意するという前提でしたが、大半の元管理職は、その前にしっかり自分で社内外のキャリアを選択・決断することに成功しました。

研修と就職支援でサポートしましたが、長年管理職として活躍してきたミドルシニア社員たちの中には、最初は大きな役割（MUST）変更を突き付けられたことに戸惑う人もいました。ただ、さまざまな支援策で情報収集や自己分析を行う中で、今後自分が活躍できる領域（新しいMUST）に気づくことができました。

このケースでは**会社の制度変更に伴い、自分に期待される役割や求められる場所を自分で再構築する必要が生じた**のです。社内の他部署に自分をアピールして異動した人、スタートアップの会社で経営に近いポジションを得た人、知人の会社を右腕として支える決断をした人、Uターンをして両親と暮らす選択をした人など、各自が自分の意志でキャリアを選択していきました。

燃え尽き型（WILLの低下）

職業選択の自由がある中、基本的に入社した瞬間からやる気のない人は（理論上）いません。

しかし、長年働いて役割や会社や自分が変化する中で、いつの間にかやる気がしぼんでしまったり、ズレてしまったりする人が特に中高年に多いようです。

真面目に働いている姿を滅多に見かけない中高年を指して、ネットなどでは「妖精さん」と表現することもあるようです。

会社にとっては、人員構成上のボリュームゾーンであるミドルシニア社員が「妖精化」されてしまうと死活問題になります。

そこで、当社にも40代後半から50代に向けた、本人の動機づけを目的としたキャリアデザイン研修や個別カウンセリングの依頼を多数いただいています。

40代または50代のミドルシニア層に、WILL・MUST・CANの図を描いてもらうと、毎回多く出現するパターンがあります。

「MUSTがものすごく大きい。CANは少し小さいがある程度重なっている。WILLは小さい、または離れている」パターンです。

簡単に言えば、「今の仕事は、やりたいからやっているのではなく、やらなければいけないのでやっている」状態です。

短期的な観点で言えば「やるべきことをこなせている」状態なので、問題はありません。しかし、この「やりたいこと」と乖離した状態を長く放置すると、燃え尽き（バーンアウト）症候群や、メンタル不調になるリスクがあると言われています。

そこで研修やキャリアカウンセリングでは、受講者に「どんな仕事が好きなのか？」「仕事で充実感を感じたのはどんな時だったのか」「なぜ今の会社を選んでいるのか？」「どんな仕事や人生を送りたいか？」などを考察してもらい、仕事への意味付け（「ミーニング」と言います）を行います。

最近、大なり小なり**本人がキャリアを選択できる制度**を揃えている企業が増えてきました。人事としてこうした制度を整備する、本人として自社の制度を確認することも有効だと思います。

キャリア支援の制度例

キャリア面談（上司または社内カウンセラー）
社内公募制度
社内複業制度（別部門の業務を経験できる）
社内ベンチャー制度（新事業の立ち上げを経験できる）
パラレルキャリア支援（副業やボランティア活動への支援）
ジョブ型雇用制度（専門性を追求する働き方）
地域限定勤務制度／時短勤務（60歳以上などを対象）
フリーランスになって業務委託契約
早期退職優遇制度／選択定年制度

元エース型（CANのアップデート不足）

かつて会社の屋台骨を支えたエース社員が、世の中のトレンドや法律、マーケット、働き方が変わってしまったことによって、持っている能力が不要になったり、活躍しにくくなってしまったりするパターンです。

特に最近は、ＶＵＣＡと呼ばれる不確実で変化が激しい時代のため、数年前の成功パターンが通用しなくなる場合もあります。

こういう人の場合、現状の理解だけでなく過去に対して決別する覚悟が必要になります。その上でやりたいこと、今後できることを一度整理してもらう。そして、所属している組織がどこに向かおうとしているのか、今現在はどこにいるのかを考えてもらい、本人へ能力やスキルのアップデート・バージョンアップを実行してもらうプロセスが必要になります。

最近では、**学び直し**（リカレント）や学んだことを敢えて捨てる**学習棄却**（アンラーニング）が注目されています。

企業事例

C社では、かつて一世を風靡し、指名で仕事を受けていた社内で伝説的なデザイナーが「働かないおじさん」になったケースに悩んでいました。彼は典型的な「元エース型」になってしまっていたのです。

デザインやクリエイティブのトレンドは移り変わりが激しく、自分のセンスが時代とマッチしているうちは、いい仕事ができます。しかし、少しでもズレが生じ始めると、すぐに顧客から受け入れられなくなってしまいます。この方も、気づかないうちに感覚が流行とマッチしなくなり、徐々に時代に取り残されたようになっていました。しかし、本人はそのことに気づきません。なぜなら、そのデザイナーは伝説的な人で、社内的なポジションも高く、業務の中で誰もそのズレを指摘できなかったのです。上司も含め周囲は腫れ物に触るように接していました。

本人にやる気がないわけではないので、会議の席でも積極的に発言や若手のアドバイスをします。しかし、現在の会社の方針やスタイルと合っていないことがあり、周囲は戸惑いを感じていました。

そんな状態が続いていたところ、どう対処するのがいいか、会社の方からアドバイスを求められました。**まずは本人にちゃんと言ってあげた方がいい**旨を伝えました。

上司は「やる気自体が無いわけではないのに、厳しい事を言うとやる気が落ちるのでは？」と懸念していました。

私からは、せっかく意欲的にやってくれていることが、若手や部下に伝わらないのだとしたら、周囲だけでなく本人にとってももったいないし、「その状況を放置していることは、本人にも周囲にも迷惑なこと。上司と人事の責任放棄ではないですか？」と失礼を承知で質問しました。

上司は、このデザイナーより社歴が短く、若手時代にお世話になった大先輩の元エースに向かってネガティブなことを言うのは心理的な抵抗感が大きかったようです。しかし、意を決して年度の目標設定のタイミングで「最近の仕事ぶりを評価すると、あなたに対して高い評価をつけるのは難しい。それはこういう理由です。あなたなら、今の時代や会社の方向性に合わせて活躍できるはずです」と告げたそうです。すると、腹を立てるようなことはまったくなく「やはり、そうだったんだ。うすうす気がついてはいたけれど、周りからそういう指摘が無く、自分を変える踏ん切りや勇気が持てなかったんだ」と、苦しい胸の内を明かしてくれたそうです。

年上部下にフィードバックをするという行為は、それをやる上司の側も心苦しく、気が引けるものです。しかし、そこで腰が引けていては本人のためになりません。憎くて言うわけではないのですから。

また、言われる側も、薄々、周囲の見る目や社内の雰囲気を感じていることは多いので、上司側が誠意と敬意をもって接すれば、心配するようなトラブルに発展するケースは、私の知る限りほぼありません。

この例では、本人も自分のスタンスを変えるタイミングが分からず、苦しい状態が続いていたようです。デザイナーとして、新しい知見を学びたいという意欲は、以前から本人も持っていました。お互いの理解が進んだところで、それまでは教える立場で会議や勉強会に参加していたのを、共に学ぶように変わってもらったところ、腫れ物に触るような雰囲気は徐々に払しょくされ、本人も周囲の状況も改善されていきました。

梯子外され型（MUSTの消滅）

最近増えているのがこのパターンです。「今までやってきた仕事自体が、本人の能力と関係なく、急になくなってしまう」ケースと言えます。

例えば「事業譲渡／業務の海外移転／商品や事業の中止／店舗閉鎖／ノンコア業務の外部委託」等、会社が生き残るための事業構造改革の中で、物理的にポジションや仕事が無くなってしまう場合がコロナ禍以降は急増しています。

企業事例

Ｄ社では、業界では名の知れた研究部門の仕事が海外移管により無くなってしまったケースがありました。

ＭＵＳＴがいきなり消滅したケースなので、梯子を外された本人たちはローパフォーマーでも「働かないおじさん」でもありません。ただ、現実的に働ける場所が無くなり「働けない」状態になってしまいました。

このケースの場合、会社の戦略や、組織の事業構造変革が原因なので、本人には原因や落ち度はありません。そのため、本人たちは否定と抵抗の気持ちが強く生じます。特に、長期にわたりその事業を支えてきたベテランほど、決定への不満と今後の不安から、身動きができなくなる場合があります。

この際、会社としては、「誠意ある説明」「気持ちの受容」「選択肢の提示」が必要になります。

会社の戦略的決定事項であり、今までの仕事は存在しないことを説明するだけでなく、本人たちの気持ちも真剣に聴くこと、会社として提示できる選択肢を提示し、少しでも納得してもらうことが重要です。

気持ちを聴いてあげても、外した梯子が戻るわけではありませんが、少なくとも「会社は何も耳を傾けない」「誰にも気持ちを吐き出せない」状態で今後を考えるより、余程ましです。

このケースでは、研究開発の知識を生かした営業として顧客への提案を担当する部署に異動、グループ会社の関連部門へ出向、別企業へ転職して研究職を継続、心機一転で異業種異職種へ転職など、各自が進路を決定していきました。

このように仕事が無くなってしまうようなケースの場合、会社側から急に現状について報告されても本人は気持ちに整理がつきません。できれば1～3カ月程度は自分の**今後の進路について考えるための期間として確保**してあげることを推奨します。

D社の場合は、「社内ポスティング（応募可能な社内ポジションの開示）」「職場見学ツアー（グループ会社や別事業所など）」「個別キャリア相談」「変化対応研修（変化を前向きに活用するスキル習得）」「転身支援制度」などの支援策を対象社員へ用意したことで、大きな混乱はなく解決しました。

こうした事例は、どの企業でも発生する可能性があります。

VUCAやコロナ禍に代表されるような、先の見えないこの時代、「自分たちの仕事は永久に保証されているわけではない」「今の職務や役割が消滅する可能性はある」

「環境が急変しても食いっぱぐれないためのスキルは何か」等を、社員にも平時から考えておいてもらうことが大事です。

梯子を外したくて外す企業はありません。厳しい変化の中で企業が存続するうえで、仕事や役割の急激な変化や消滅は決して他人事ではないのです。そのことを本人も、上司も、人事も自覚しながら日々の仕事を通じて能力開発やキャリア形成に努めていく姿勢が必要になります。

この章のまとめ

- ☑ 「働かないおじさん」は能力不足より、WILL・MUST・CANのズレによって発生する。
- ☑ 人事の役割は、「ズレに気付ける仕組み」と「ズレを埋めて立て直すための支援」。
- ☑ 最優先のWILLを広げるには、おじさん本人が「ありたい姿」「やりたいこと」を考える機会や場を作る。
- ☑ MUSTの誤解や曲解を防ぐには、会社の方向性を説明するだけでなく、本人の口で言語化してもらう。
- ☑ CANは、環境や社会や技術の変化に対応していく能力開発が必要。これからの時代は「変化し続ける能力」「学び続ける意欲」が大事になる。
- ☑ 「働かないおじさん」にもさまざまな類型がある。人事は、個々の事情を考えながら人事制度・研修・転身支援などでサポートする。

第4章

「働かないおじさん」戦力化の5ステップ（上司向けトリセツ）

この章でお話しすること

- ☑「働かないおじさん」に気づきを促すネガティブフィードバック
- ☑部下も辛いが、上司も辛いネガティブフィードバック
- ☑部下の前に、上司の意識を変える
- ☑根性論ではなく、心理学に基づいた面談手法
- ☑「部下に嫌われること」の怖さに対する、向き合い方と乗り越え方
- ☑「厳しい事実」と「暖かい誠意」の伝え方

上司の役割は「ちょっとしたズレ」について、本人と話し合うこと

「働かないおじさん」問題に悩む企業の中には、本人の気付きを促すよりも、上意下達で短期的な解決に走ってしまうケースも見受けられます。

「必要な知識習得（CAN）の教育を必須で受けさせる」「会社の目標（MUST）を一方的に通知する」「改善点や不足事項（ギャップ）を注意する」などです。

限られた時間で成果を出さないといけないビジネス環境では短期的・外科手術的な療法も必要な場面もありますし、一方通行（上→下）のマネジメントでも短期的には一定の改善は見られます（やらないより効果はある場合が多い）。

しかし、年々環境や技術変化が複雑さと速さを増し、かつ65～70歳まで就業が長く続く社会環境下では、ミドルシニア社員には「自分の問題や価値観に自力で気付き、自分をアップデートし続ける」長期的・内科的な療法が、本人のためにも会社のため

にも必要だと感じています。「自分で気づいてもらえる環境づくり」には、特に上司を起点とした「外から働きかけて気づかせるように促す工夫」が重要です。

外から働きかけて動機付けを高めていくことを「**外発的動機付け**」と呼びます。

最終的に「内発的動機付け」に繋げるために、トリガー（きっかけ）として「外発的動機付け」を組み合わせるイメージです。何もない状態から、長年「働かないおじさん」状態になっている社員が突然モチベーション高く働き始めることは現実的に難しいため、最初は「ギャップに気付かせる」「行動や変化を促す」コミュニケーションが必要になります。

上司と部下のコミュニケーションとして、近年「**ワンオンワン・ミーティング**（1on1）」が注目されています。これは文字通り上司と部下が一対一で話し合う面談です。評価結果・業務指示・目標を通達する人事評価や業務面談と違い、「定期的・恒常的に、部下の成長や抱えている問題・課題について話し合う」面談となります。

最近は、対面またはオンラインで週に1回や隔週に1回等の頻度で、ワンオンワンを実施する企業が増えてきたようです（毎日5分という会社もありました）。これくらいの頻度で上司と部下が話し合う機会を持てば、上司が部下の抱えるズレに気づく機会も増え、部下も細やかなアドバイスを受けることができます。

人事評価が年に一回しかなく、その評価面談も一方的・形式的な場合は、「働かないおじさん」の抱えるズレが放置される危険性が高くなります。

WILL・MUST・CANがズレた状態のまま何年も経過すると、人は「ズレた状態」自体に対して過剰適応していきます。例えば、「現状の居心地がよくなる（コンフォートゾーン化）」「ズレを正当化する（自分ではなく上司や会社が悪い）」「変化に抵抗を感じる」などの反応が起こります。

これを避けるためにも、**上司と本人の二人三脚によるズレの修正**は極めて重要となります。

本気で向かい合わなければ本人の意識は変わらない

期待と成果にギャップが生じている部下の行動変容を促すために避けて通れない要素があります。それが「**ネガティブフィードバック**」です。

ネガティブフィードバックとは、「望ましくない状態の改善に向けて、耳に痛い情報を相手に伝え、望ましい状態へ促すコミュニケーション」のことです。

ここで重要なのは「ネガティブな情報を（あえて）相手に伝える」という点です。少し乱暴な言い方をすると、上司は部下に面と向かって「**ダメ出しをしましょう**」ということになります。

これは、言うほど簡単にできることではありません。

日本人は特に「和を重んじる」「同調圧力を感じやすい」等の傾向があり、他人との衝突を避けたがる風潮が強いので「ネガティブな情報を相手に伝える」ことが苦手です。そのため、（特に年上の）部下に対して過度に遠慮してしまい、伝えるべきことを伝えられないまま、組織の問題を悪化させてしまう例がよくあります。

逆に、ネガティブな情報を伝えることにあまり抵抗がない人の中には、言い方が厳しすぎて部下が委縮してしまい、仕事への自主性が損なわれたり、パワーハラスメントと受け止められてしまったりするケースもあります。

言いづらいコミュニケーションですが、ネガティブな情報を適切に本人に伝えることは、上司として重要なスキルと言えます。なぜならば、上司の役割は「部下に嫌われない」ことではなく、「部下を成長させ、期待以上の成果を発揮してもらう」ことだからです。

とはいえ上司も機械ではなく人間ですから、「やりたくないものは、やりたくない」と感じることは当然です。

経営者や人事、または「上司の上司」は、そもそも「上司に、気が重い役割を担ってもらう」ということを自覚し、上司の感情に理解や配慮を示すことも重要です（だからと言って、やらなくて良い、ということではありません）。

「管理職なんだから、部下への注意はやって当然だ」と義務（ＭＵＳＴ）として押し付けるのではなく、上司自身が「部下のために（組織のために・自分のために）、厳しいことも言ってあげたい（言う必要がある）」という意欲（ＷＩＬＬ）や当事者意識を持てるように支援することが有効です。

上司にネガティブフィードバックを必要な取り組みとして認識してもらうために、管理職向け研修では、こんな問い掛けをします。


「なぜ、やりたくない（できない）と感じるのか？」

「上司のあなたは、対象の部下に何を期待しているのか？」

「上司のあなたは、対象の部下にどんなキャリア・人生を歩んでほしいのか？」

「あなた自身が、どんな管理職でありたいのか？」

「フィードバックをしないと、どうなるのか（問題は解決するのか）？」

「フィードバックをすると、上手くいかない場合どんなリスクがあるのか？」

「フィードバックをすると、上手くいった場合どんなメリットがあるのか？」

「する・しない、どちらを選択した方が自分自身で納得できるか？」

「会社の指示で、仕方なく部下と対峙している」とか「この人にはどうせ期待できない」という上司側の根本的な感情は、いくら隠しても相手に伝わると考えましょう。**フィードバックをする前に、上司自身の感情や意識を整えることに時間とエネルギーを使いましょう。**

上司が乗り気でない場合は、人事や「上司の上司」が適切なフォローやバックアップを実施したり、研修のワークショップなどで上司同士が感情や悩みを吐き出して共有したりすることも有効です。

マンパワー式「フィードバック面談」でおじさんの「行動」を変える

ネガティブフィードバックは、とりあえずやればよいというものではありません。最初のアプローチが悪く、ボタンのかけ違いが起きてしまうと、回復不可能な暗礁に乗り上げてしまうことになりかねません。実際に「この上司とは絶対に話したくない。自分の処遇にも納得ができないので、弁護士を立てる」という状態になってしまったという相談も過去にありました。

ネガティブな情報は、言う側も聞かされる側も気分のよいものでは無い分、伝え方には十分な配慮と準備が必要です。

それらを踏まえた上で、ネガティブフィードバックをうまく行うために有効な5つの技術を紹介しましょう。

- **合意を得る**
- **不協和をつくる**
- **話すより聴く（傾聴）**
- **行動と事実について話す（ファクトフルネス）**
- **諦める（明らかに見極める）**

①合意を得る

ネガティブフィードバックの目的は、相手に行動を変えてもらい、期待以上の成果を創出してもらうことです。部下の行動変容に繋げるためには、特に次の3点について「上司と部下の合意」を得ることが重要です。

「改善の必要性」
「置かれている状況」
「これから話し合いを行うこと」

「上司としては改善が必要だと考えている。改善できると期待している」または「部下としても改善が必要だと考えていて、改善したいと思っている」という合意が、面談成功の大前提になります。この点を、お互いが本気で合意できれば、建設的な話し合いが可能になります。

その際に、部下がいきなり「私、改善したいです！」となるケースは稀です。そもそも、そういう意識の部下は、自発的に改善へ努力しているので、厳しいフィードバックは不要でしょう。

まずは**「本人が置かれている状況」に対して共通理解を得る**必要があります。この点は、耳が痛くても「期待している成果が創出できていない事実」「今までと仕事の仕方が変化している現状」「このままだと、処遇を下げざるを得ない可能性」などを改めて伝えて、部下にも合意してもらう必要があります。

「改善の必要性」と「置かれている状況」への合意が得られたら、「一緒に解決策を話し合うこと」を改めて合意します。

合意を得るための話し方のコツは、「はい／いいえ」で完結してしまうクローズクエスチョンを避け、オープンクエスチョンを使うことです。研修等で上司にロールプレイをしてもらうと、上司がひたすら説明・説得を続けて、部下がしゃべるのは「はい」「分かりました」しか無い（それ以外答えようがない）、というケースも多いです。その場合、部下役の表情は、「ＹＥＳと言わされた感」でいっぱいです。

本音や合意を得るための問いかけとしては、下記のようなものがあります。

「この点に関して、どのように考えていますか？」
「私はこう考えていますが、あなたの意見はいかがですか？」
「合意できた点と、合意が難しい点を教えてもらえますか？」
「改善に取り組んでほしいと考えていますが、合意していただけますか？」

本人の口から意見を述べてもらう（自分の意見を考えてもらう）ことが有効です。人から言われたことより、自分で言ったことの方が内発的動機付けを高める効果があります。

合意を得るためには、一例として以下の手順でミーティングを進めていくとよいでしょう。

- 「面談目的の共有」
- 「ギャップの存在の確認」
- 「改善意欲の確認」
- 「改善計画の検討」
- 「改善期間の検討」
- 「具体的な改善計画の決定」

このように細かいプロセスを通して、その都度「上司と部下の合意」を得ておけば、後々「言った」「言わない」「そんなつもりではなかった」といった齟齬を防ぐことができます。

合意できない点がある場合は、いきなり説得や論破に走るのではなく、「どんな理由で合意できないのか？」「他に良いアイデアはあるか？」を問いかけて、本人の本音を確認していきます。

フィードバック面談の最後には、毎回、どのような話について合意したのか、**部下の口から説明してもらいましょう**。そうすると、「言われたことを思い出す」→「言語化する」→「上司に説明する」→「自分の言葉を自分で聴く」というプロセスを踏むことによって、伝えた内容が自分の頭の中で言語化され、「長期記憶」「自分の宣言」として定着しやすくなります。上司がまとめてしまうと、効果が半減します。

また、このプロセスを踏んでおくことで、ある意味（表現は悪いですが）「言質を取った」という状況になりますから、仮に両者の間にボタンの掛け違いや改善が難航することがあっても、齟齬を早期に発見し、合意した点に立ち戻って軌道修正が可能になります。

「そもそも、改善やギャップがあること自体に合意しない場合、どうすれば良いですか？」という質問を、現場のコンサルティングでいただくことが多いです。

「改善への合意」が得られない場合は、2つの点を本人と確認します。

一つ目は、「**合意できない理由**」です。

本人が合意しないのは、上司の認識と何か違う点があるからです。「上司が分かっていない」「自分はできている」「総論は賛成だが各論で反対の点がある」「改善は無理だと思っている」等、本人の視点では色々な思いがある可能性があります。上司としては、そうした思いを頭ごなしに否定するのではなく、まずは真剣に聴いてみることを推奨します。お互いに誤解している部分や、一部は合意できる点が見つかる場合もあります。

二つ目は、「**改善を目指さない場合、起こり得る可能性**」です。

会社組織で働くということは、家族や義務教育、趣味の集いと違い、双方の合意による労働契約です。

人事制度の等級や職務記述書で期待されている成果が創出できない状態が続けば、降格・降給・雇用契約の解約などが起こり得ることは、厳しいですが理解してもらう必要があります。

②不協和をつくる

部下にフィードバックするネガティブな情報には、「現状と期待のギャップ」が必ず存在します。

伝えられる側の部下にしてみれば、そのギャップは目を背けたくなる耳の痛い事実や納得しにくい情報であることも多いです。嬉しい話ではないので、部下が不機嫌や反発を示すことは当然あります。

経営者や上司からネガティブフィードバックをするのが苦手な理由を聴くと、「厳しいことを言うと、部下が嫌な気持ちになる」「本人の感情を害さず気づいてほしい」「波風を立てず本人に変わってほしい」等のコメントが出ます。

しかし、上司から何も働きかけないのに部下が変化する可能性は原則としてありません。（それがあり得るなら、そもそも「働かないおじさん」になっていません）

部下の行動変容を促すには、「今のままでいたい」という気持ちと「今のままではまずい」という矛盾を、あえて突き付けて気づかせることが必要です。

自分の気持ちの矛盾に違和感を抱かせる。これが最初のステップになります。

心理学で「**認知的不協和**」という理論があります。人は、自分の認知と異なる矛盾や違和感を自覚した場合、その状況に留まることが気持ち悪くなるので、何かしらの行動を起こし矛盾を解消しようとし始めます。

その行動や反応は、必ずしも前向きな改善とは限らず、言い訳や他責や抵抗の場合もありますが、とにかく**本人が「今の状態はまずい」と認識する**ことで、話し合いの土壌ができます。

伝える上司側は不協和を恐れるのではなく、矛盾や不協和を感じてくれた（フィードバックが伝わり始めた）ことを喜ぶべきかもしれません。

③話すより聴く（傾聴）

「フィードバック」は、言い方が下手でも、本音で話せば必ず伝わります。

むしろ、「うまい聴き方」の方がはるかに重要です。

人間には「一**貫性の法則**」というものがあります。人間は原則として「自分の言ったことと自分の行動が矛盾したくない」と考えます。

そのため、相手から一方的に言われたことは否定しやすくても、自分が言ったことは否定しにくいのです。

したがって、上司としては、まず本人の意見を心ゆくまで述べさせましょう。

まずは本人の言い分を真摯に傾聴（耳と心を傾けて聴く）し、「これ以上は言うことはない」「本音のすべてを言い切った」という状態まで付き合うのです。

このとき、部下の言葉から「不安・不満・恐怖・怒り」などのネガティブなサインを見つけたら「何か不安があれば教えてください」「お気持ちはこの場で全部吐き出してください」と促しましょう。

例えば、「あんな会議は時間の無駄」と主張する部下がいた場合、どこが無駄だと感じているのか、どうしたら意味のある会議にできるのか、本人に話をしてもらい、自分事として考えてもらうのです。

このように自分で考えて、解決策を選ばせると、部下の側に「自分で言ったからには」という心理が働きやすくなります。

上司がこうして徹底的に傾聴すると、部下の心には、自分の気持ちを吐き出せたことによる解放感（**カタルシス効果**と呼ばれます）と、時間と感情を共有してくれた相手に好意を抱く単純接触効果（**ザイアンスの法則**と呼ばれます）が生じます。これがフィードバックを受容する土台を形成する上で大事なのです。

「この上司は、自分の意見を最後まで真剣に聴いてくれる」「自分は、こんなことを考えていたのか」という気付きが生まれると、上司のアドバイスを今までよりは素直に受け入れることができるようになります。

よく見かける上司側のまずい対応としては、「しゃべりすぎ」があります。

「沈黙を埋めたい」「部下の意見を聴くと、違う意見が出たときに面倒くさい」「とにかく説得して自分の思い通りに行動させたい」等の感情が、しゃべりすぎに繋がるのかもしれません。

上司が過剰にしゃべりすぎると、部下がじっくり考える時間が持てません。上司から必要な情報や質問を伝えた後は、部下の反応や内省をじっくり待つ姿勢が大事です。私自身、部下や研修受講者がしゃべり始めるまで2分でも3分でも黙って待つこともあります。

「誤解があったら申し訳ないんだが…」

「こういうこともあって、ああいうこともあって…」
「どう思う？　こんな風に思うよね…」
「こういう指摘もしたけど、あなたにはこんな強みもあって…」

……などなど、少しの沈黙にも耐えきれず、部下の心理を無駄に先読みして話し始め、沈黙を埋めようとする人もいます。しかし、部下に考える時間と機会を与えない限り、フィードバックのボールが相手に渡ったことになりません。

立場を逆にして考えると、質問の後に沈黙が続けば部下もいろいろなことを考えざるを得なくなります。例えば、「自分から何か意見を言わないと、この面談は終わらない」「どうも、真剣に考えないといけないようだ」「上司は何を期待しているか」「自分はどうしたいのか」「今回はいつもと雰囲気が違う」などの考えが頭の中に去来するでしょう。こうした「問いを立てる」「じっと待つ」ことが重要です。

④行動と事実について話す（ファクトフルネス）

経営者・人事・上司の方に「ミドルシニア社員の、どんなことに困っていますか？」とお聞きすると、こんな回答が上がります。

「ベテランとしての責任感が不足している」
「受け身でなく、もっと仕事に主体性を持ってほしい」
「どこか協調性に欠けていて困っている」
「新しい仕事やスキル習得に対して、積極性が無いんだ」

上記のセリフは、部下の性格や意識に焦点を当てたものが多いです。お気持ちは分かりますし、実際もそうなんだろうと思いますが、こうした「性格・意識」にフォーカスを当てた指摘や指導は、２つの面でリスクがあります。

パワハラになりやすい

厚生労働省のパワーハラスメントの定義は「職務上の地位や人間関係などの職場内での優位性を背景に、業務の適正な範囲を超えて、精神的・身体的苦痛を与える行為」とされています。特に、「人格権の侵害」と受け止められる言動は、相手に精神的苦痛を与える危険性が高くなります。

例えば、「責任感を持って仕事をしてほしい」という発言を受けた本人は、「責任感がない人間だと言われた」と受け止めてしまい、苦痛を感じる可能性があります。

改善に繋がらない

「性格・意識」にフォーカスを当てていると、具体的な解決策に繋がりません。

例えば、「責任感を持って仕事をしてほしい」と上司に言われたとしても、「責任感のある仕事は何か？」「自分のどこが責任感不足と言われるのか？」が部下には分かりません。上司から「行動・事実」に基づいた具体的な指摘をしない以上、部下が具体的な解決策を講じることは困難です。

「部下に責任感がない」と感じたのであれば、「いったいどういう行動や事実を見てそう感じたのか」を上司自身が掘り下げ、その行動・事実に基づいて話し合うことが重要です。

例えば、「プロジェクトの進捗状況を自分から確認しない。それが3度も続いた」ということで責任感がないと判断したのであれば、その旨をきちんと伝えます。そうすれば、次回以降に「進捗状況は自分から確認する」という行動改善につながるでしょう。

行動面や事実に関して改善を求めた後は、以下のステップによって、具体的に改善していきます。

● 「不足している行動・事実を指摘する（ネガティブフィードバック）」
● 「フィードバックされた行動が改善する」
● 「改善に対して承認・称賛する」
● 「褒められたことで、その行動を繰り返すようになる（承認欲求が満たされる）」

- 「行動が変わり、上司や周囲の評価が変わる（責任感の欠如を感じなくなる）」
- 「周囲の評価が変わることで、意識自体も変化する場合がある」

行動変容を促すには、「良い点は褒める」「悪い点は指摘する」の両輪が重要です。極端に言えば、「良い行動は定着するまで何度も褒める」「悪い（不足している）行動は変わるまで何度も指摘する」根気強さが求められます。

「行動」ではなく「人」に焦点を当ててしまい、ローパフォーマーには常に厳しく、ハイパフォーマーには常に甘い対応をしてしまう上司もいます。

「成果が上がらないローパフォーマーには会議の時間厳守を求めるが、成果を出しているハイパフォーマーは会議の遅刻や欠席でもお咎めなし」等のダブルスタンダードな対応を上司が取ってしまうと、組織全体のモラルが低下してしまいます。

「ローパフォーマーでも良い行動は褒める」「ハイパフォーマーでも良くない行動は指摘する」といった明確で誠実な基準を上司が持っていると、組織全体が引き締まってきます。

⑤諦める（明らかに見極める）

ネガティブフィードバックは、部下も上司もある程度ストレスがかかるコミュニケーションです。延々と続けているとお互いが疲弊してしまうことがあります。

人事が期間もゴールも定めない改善活動を指示していた会社では、管理職が「ゴールのないマラソンを走っているようだ」と言っていました。

特に現在は、社員の働く年数も長くなっています。例えば、50歳の社員を65歳や70歳まで、延々と指導し続けるのは、上司も部下も苦しいことだと思います。

現実問題として、誠実にネガティブフィードバックを行っても、改善しないことは起こりえます。

「求められるスキルや役割が、本人にはどうしても合わない」

「根本的に、上司と部下で信頼関係が再構築できない」

「本人がやりたい仕事が、会社の中では絶対にできない（存在しない）」

「ライフイベント等の影響で、仕事への情熱がどうしても持てない」

このような場合、**ある段階でお互いに諦める**（見極める）ことも必要になってきます。フィードバックを通じた行動改善の取り組みに関しても、３カ月から６カ月かけて本気で取り組むと、一定の効果が出て改善した行動が定着していく場合が多いです。一方で、その期間を通じても改善の兆しが見えない場合、違う道を模索する必要がある、ということになります。

期待と成果のギャップを埋める対応策としては以下の選択肢等があります。

- 「役割の変更（配置転換・異動）」
- 「賃金の変更（降格・降給）」
- 「所属の変更（出向・転籍）」
- 「雇用の解約（退職勧奨・解雇）」

当然ながら、本人にとって、不利益な処遇の変更や、雇用契約の解約には、法律面での注意と心理面への配慮が求められます。

本人にとって難しすぎる役割や、興味が持てず苦手な職務を続けることは、長い職業人生を考える際に必ずしも幸せなことではないかもしれません。

実際、社内外の違う役割や環境に変わったことで、生き生きと働けるように変わった例を数多く目にしています。

私自身も、無理に背伸びをして部長をしていた時代より、好きな現場のコンサルタントとして活動している今の方が、仕事への充実感や幸福感がありますし、会社からの評価も得ています。

「もしも改善しなかった場合どうするか」の可能性については、改善計画を遂行する最初の段階で言及しておくことを推奨します。

最初に聞かされていない場合、「だったら最初から教えておいてほしかった」「騙しうちだ」という不満に繋がってしまうかもしれません。

降給や退職などが伴う変更は、会社としての意思決定となります。上司だけで説明が難しい場合は、人事責任者や役員が同席して「会社の意向であること」を伝えるケースもあります。

「フィードバックは期間限定で行う」「フィードバックの結果、こうなる可能性がある」「会社・上司としては、厳しい状態にならないように、期間内での改善を期待したいし支援する」という情報をあらかじめ伝えておけば、後日のトラブルは避けることができます。

根性論ではなく、心理学的アプローチで変化を促す

現実問題として、自分にとってネガティブな情報を伝えられて、嬉しいと感じる人などいないのと同様、相手にネガティブな情報を伝えることを、喜んでやる人も多くいません。

だからといって、上司が「やりたくない（やらされている）」という気持ちを払拭できない状態でフィードバックや改善のコミュニケーションを続けると、お互いに大きなストレスがかかりますし、感情的になりハラスメントに繋がるリスクも高くなります。

ここからは、落ち着いて効果的にフィードバックをするための心得（マインドセット）と、そのための心理学的なロジックをお伝えします。

「嫌われるのが怖い」上司に有効なアドラー心理学

ネガティブフィードバックでは、相手にとって耳が痛いことを伝えることになるの

で、大前提として「大なり小なり、相手から嫌われる」ことを覚悟しなければなりません。

コンサルティングの現場では、「嫌われないための言い方を教えてほしい」「相手の気分を害さずに婉曲に伝えたい」「上司が言いにくいので、外部の先生からビシッと言ってほしい」という（虫の良い）リクエストをもらうことがよくあります。しかし、そんな都合のよいテクニックは存在しませんし、継続的な改善を考えると、外部の人間ではなく**日々接している上司の真剣なコミュニケーションは不可欠**です。

「嫌われようが、煙たがられようが、組織や本人のために必要なことを伝える」
「今のまま放置するのは、何よりも本人のためにならない」
「短期的には恨まれたとしても、中長期的には必ず伝えてあげた方が良い」

こういう覚悟をした上で、はじめてネガティブフィードバックを行うべきです。

覚悟を固めるには、「**課題の分離**」という考え方が役に立ちます。

オーストリア出身の心理学者、アルフレッド・アドラーの理論（アドラー心理学）を紹介した『嫌われる勇気』（岸見一郎／古賀史健著・ダイヤモンド社）がミリオンセラーになりました。

「課題の分離」はこの本の中に紹介されている考え方です。

簡単に説明すると「自分の課題と相手の課題を分ける」「相手の課題を、自分が引き受けない」ということになります。

上司側の立場で考えたとき、耳の痛い情報を「伝えるか、伝えないか」は、自分が選ぶことができる「自分の課題」です。

逆に、耳の痛い情報を伝えられた部下が、「何を感じて、どう行動するか」は部下が選ぶことができる「相手の課題」です。

もし、上司が「耳の痛いことを言わない」ことで「自分の課題」を放棄した場合、部下は「その情報を受け取り、選択する」機会を失うことになります。上司の役割として、その対応は望ましいことでしょうか？

上司が自分の課題を果たしたら、相手の課題に関しては、上司側ではコントロールできないと割り切ります。最終的には、成熟した大人である部下本人が向き合って行動・選択する以外に解決策がありません。

このように**「自分の課題」**と**「相手の課題」**を分離し、自分のできる行動（自分の課題）にのみ集中するのです。

私の場合、同僚や上司やお客様にも、必要だと思ったことはかなり厳しい事もストレートに伝えるようにしています。

その際、「プロとして、不都合な内容が含まれていても必要な指摘やベストな提案を伝えるのは、自分の課題」「その結果、その指摘や提案をどう判断するか、私にどういう感情を持つかは、相手の課題」という「課題の分離」を行っています。

変な話かもしれませんが、こういう「課題を分離して、耳の痛いことも率直に伝える」ようにしてからの方が、上司や顧客の信頼（評価や売上や指名率）は高くなったと実感しています。

「できない理由」ではなく「やらない目的」（目的論）

「言わなきゃいけないと分かっているが、○○だからできない」という声もよく耳にします。○○の中身は、こんな感じです。

- 「年上の部下で元上司だから、厳しく言えない」
- 「相手の気持ちを害して、職場に波風を立てたくない」
- 「言い方を間違えて、ハラスメントになるのが怖い」
- 「下手に言うと、ブーメランで反論されるのが嫌だ」

このような「できない理由」は、気合と根性で何とかするのではなく、同じくアドラー心理学の「**目的論**」を使って「やらない目的」として考えてみる方法があります。

「目的論」は、人間の行動（行動しない行動も含む）には、「原因ではなく目的」がある、という考え方です。

「ネガティブフィードバックができない」のではなく、あくまで「ネガティブフィードバックを『やらない』方が自分の目的に適っていて、やらないという選択をしている」と捉えるのです。

その上で、「なぜやらないのか」「やらない目的は何だろうか」と考えます。

例えば、「相手が年上の部下なので、厳しいフィードバックができない」と思っている上司の場合、「できない」のではなく、以下のような「やらない目的」が考えられるかもしれません。

「相手はどうせ数年で定年なので、何もやらないまま平和に定年退職してもらうまで待ちたい」

「相手は年上でキャリアもあるはずだから、上司が面談で指摘などしなくても自分で問題点に気づくべき（気づいてほしい）」

「相手が反発して関係が悪化するより、多少不満はあっても臭い物に蓋をした今の状態の方がマシ」

これらの目的が適切かどうかは別として、「外部や相手に何かの原因があって『できない』」のではなく、「やらない方が得だと感じるから、自分なりの目的があって『やらない』と選択している」という事実が分かれば、「できない」という思考停止の状態から脱却し、「やるか」「やらないか」を落ち着いて選択できるようになります。

このように、自分がフィードバックをしないことによって、何を得たいのか、何が得られるのかを、時間をかけて振り返ってみるのです。

その上で、「もしも自分が行動を起こさず、このまま放置しておくとどうなるか」について真剣に考えてみましょう。

「やらないとどうなるのか」「やるとどうなるか」を、さまざまな角度から問いを立てて考えてみるのです。ポイントは「やるとどうなるのか」は「**上手くいかない場合**（**ワーストシナリオ**）」**と**「**上手くいった場合**（**ベストシナリオ**）」**を想定する**ことです。不思議と、こういう時には悪いシナリオだけを考えがちです。

【例】　入力ミスの多い部下にフィードバックしないといけないが、言い訳が多い人なので正直めんどうくさい

立てる問い：フィードバックしない場合、どうなるのか？

【結果】同じミスを繰り返す可能性が高い→その結果、周囲の業務に支障がでる→本人の評価や処遇が上がらない→本人だけでなく上司の自分も、周囲の信頼を失う可能性がある→組織の風土やパフォーマンスが低下する

立てる問い：フィードバックをした場合、どうなるのか？

【結果（ワースト）】いつものように言い訳ばかりして、結局変わらない、指摘した上司を逆恨みする

【結果（ベスト）】ミスを減らせる→周囲の業務負担が減る→本人の評価や処遇が高くなる→本人も上司も周囲もより良い状態で働くことができる→組織のパフォーマンスが向上する

フィードバックは万能ではありません。相手に伝えたら必ず改善するという保証はありません。しかし、フィードバックをしなければ、相手の「**成長機会**」と「**気づきの機会**」を奪うことになってしまいます。「相手のために、言ってあげよう」と上司が本気で思えることがポイントです。

「やらないとどうなるか」の問いを立てるには、相手の立場、時間軸、レイヤーなど、視点を「現在の上司側の視点」から変えて考えてみるのも有効です。

- 「今期は良いが、来期以降はどうなるのか?」
- 「今伝えてあげないと、この人が60歳、70歳になった時にどうなるのか?」
- 「自分が部下の立場だったら、言われた方がいいのか、言われない方がいいのか?」
- 「自分の上司や経営者は、自分にどんな行動を期待するだろうか?」
- 「自分が尊敬する人なら、こういう時に言うだろうか、言わないだろうか?」
- 「言わないという選択は、お客様や他の社員にどんな影響を与えるだろうか?」
- 「言わない選択をした自分を、未来の自分はどう思うだろうか?」

「期待する」が、「期待しない」

ネガティブフィードバックは、相手に変化を促し、改善を期待する行為です。しかし、伝え方を間違えると、相手のやる気や自主性を奪う危険も秘めています。

「部下の改善や可能性や意欲には期待する」「部下が自分の思い通りに行動することまでは期待しない」といった適切なバランス感覚や距離感が重要になります。

意を決してネガティブフィードバックを始めると、フィードバックをする側に力が入りすぎてしまうことがあります。これは、熱心で本気度が高い上司ほど起こり易いです。

「なんで私がこんなに一生懸命伝えたのに、言うとおりに行動してくれないのか」
「なんで私の言うことを理解してくれないのか」
「もっと、別の回答や行動を期待していたのに、何か物足りない」
「この部下なら、もっとできるはずだ」

こうした不満を口にする上司を見掛けます。
そういう不満が湧いてきたときこそ、先に紹介した「課題の分離」を行いましょう。
上司が伝えたことを相手がどう解釈して行動するかは、相手側の課題です。極論を言えば、行動しないことも本人の自由意思です。ただし、雇用契約に基づき組織で働いている以上、選択した結果の責任も本人が負うことになります。

相手の自由意思と課題を上司が奪ってしまい、相手をゴールへ無理やり誘導したり、説得したりするのは賢明ではありません。周囲が過干渉して「外発的動機付け」が過剰になると、本人の「内発的動機付け」が逆に減少する、「**アンダーマイニング**」という現象が起こります。

成功体験の多い管理職ほど、「自分の意見は正しい（＝相手は間違っている）」「私の提案した解決策を実施するべき（＝部下の解決策は自分のモノより劣っている）」と考えがちです。このような頑ななスタンスは相手に伝わり、反発を招きやる気を削ぐ結果になりがちです。

そうならないためには、「満額回答でなくても、部下が真剣に考えたプランを応援する」「最適な解決策を、上司が押し付けるのではなく部下と一緒に考える」等の余裕や流動性をもって臨み、一方的に説得をするのではなく、双方が納得できる着地点を探す方が、短期的には回り道でも良い結果を招くでしょう。

●本書へのご意見・ご感想をお聞かせください。

ご協力ありがとうございました。

郵便はがき

切手を
お貼りください

105-0003

（受取人）
東京都港区西新橋2-23-1
3東洋海事ビル
(株)アスコム

「働かないおじさん問題」
のトリセツ

読者　係

本書をお買いあげ頂き、誠にありがとうございました。お手数ですが、今後の出版の参考のため各項目にご記入のうえ、弊社までご返送ください。

お名前	男・女	才
ご住所　〒		
Tel	E-mail	
この本の満足度は何％ですか？		％
今後、著者や新刊に関する情報、新企画へのアンケート、セミナーのご案内などを郵送またはeメールにて送付させていただいてもよろしいでしょうか？ □はい　□いいえ		

返送いただいた方の中から**抽選で5名**の方に
図書カード5000円分をプレゼントさせていただきます。

当選の発表はプレゼント商品の発送をもって代えさせていただきます。
※ご記入いただいた個人情報はプレゼントの発送以外に利用することはありません。
※本書へのご意見・ご感想およびその要旨に関しては、本書の広告などに文面を掲載させていただく場合がございます。

「敬意」をもって接すれば「誠意」は伝わる

パフォーマンスが上司や会社の期待に届いていない人は、ミドルシニア以外ももちろんいます。したがって、若手にもネガティブフィードバックを行う必要が生じることもあるでしょう。しかし、ミドルシニアに対してネガティブフィードバックを行う場合には、若い世代以上に配慮が必要な場合があります。

ミドルシニアのローパフォーマーには、以前は活躍していた過去があり、そういう自分の過去の実績に対して、「今はくすぶっているかもしれないが、昔は自分が会社や部門を支えてきた」「年下（や中途入社）の上司より、長くこの仕事に携わって知っている」など、少なからぬプライドも持っている場合もあります。

特にミドルシニアのローパフォーマーや定年再雇用者に対する時には、「今まで会社を支えてきてくれたこと」「長く組織に貢献してくれたこと」に対する**敬意を忘れないようにしましょう**。敬意の心を根底に持った上で、「現在、足りない点」についてコミュニケーションを進める方が、良い結果に繋がりやすくなります。

逆に敬意を持たずに、「そのやり方は古いです」「今の方向性で成果を出してください」というような、一方的に相手を追い詰めるようなコミュニケーションではうまくいきません。

たまに、年下上司と年上部下の信頼関係が決定的に毀損している状態で相談をいただくことがあります。その際に部下の本音を聴くと「上司の言う理屈も分かる部分はあるが、感情的に受け入れられない。上司の言うとおりに行動することが、上司の手柄になると考えると馬鹿らしくなる」等の感情的な葛藤を抱えている場合があります。

部下は労務を提供する義務は持ちますが、無感情で労務を提供し続ける機械ではありません。相手に対する敬意や信頼を根底に持ちつつも、言うべきことはしっかり伝えるというスタンスで臨むと、相手も受け入れてくれる可能性が高くなります。

この章のまとめ

- ☑ 「働かないおじさん」本人の前に、上司の感情と意識を整える。「フィードバックしてあげないと、どうなるのか?」を考える。

- ☑ 「相手にとって耳の痛い事実」を正面から指摘しなければ、相手は変わらない。上司には「嫌われる覚悟」が必要である。

- ☑ 部下との面談では「話す」よりも「聴く」ことが大事。沈黙を恐れず、耳と心を傾けてじっと待つ。

- ☑ ローパフォーマーでも良い行動は褒める。ハイパフォーマーでも良くない行動は指摘する。「人」や「性格」ではなく「行動・事実」に注目する。

- ☑ 現在はローパフォーマーだったとしても、長く組織に貢献してきたベテランに対し、敬意と期待をもって接する。

第 5 章

「働かないおじさん」が変化する4ステージ（本人向けトリセツ）

この章でお話しすること

- ☑「働かないおじさん」本人が葛藤を乗り越えて変化していく過程とは
- ☑「自分だけは大丈夫だろう」と根拠なく考えてしまう人間心理と対応方法とは
- ☑「なぜ自分が？」という不都合な事実への抵抗感の取り扱い方とは
- ☑「決意」したことを「習慣化」するために、何が必要なのか

本人の役割とは、自分の意志で「ありたい姿」に向けて変化を起こすこと

現場でミドルシニアの活性化を支援した経験から、「本人が変わりたいと思わない限り、本質的には変わらない」「上司や人事は、変わる必要性に気付くきっかけを与えるに過ぎない」という、ある意味で身も蓋もない結論を痛感しています。

しかし、特にミドルシニアと呼ばれる中高年の社員が長年続けてきた働き方や考え方を自分から変えたいと思うのは、想像以上に難しいことです。現在は周囲の期待と成果にギャップが生じている状態だとしても、かつては自分のやり方で成功体験を重ねてきた人も多く、「時代に合わなくなってきた」「会社が求めているベクトルからずれてきた」と頭では薄々感じていても、感情的に受け入れることは困難です。

そうした変化への葛藤を無視して、「働かないおじさんたちを、手練手管で働かせるように仕向ける」「上司命令で、無理やり行動を変えさせる」ような手法は長期的

な効果が低く、お勧めできません。

上司や人事が本気になって「働かないおじさん」たちと向き合い、今後どうなってほしいのかを伝え、本人たちも自分が今後どうなりたいのかを真剣に考える。

その結果、本人が理想とするありたい姿（キャリアビジョン）を描き、その実現に向けて努力することで、会社にとっても本人にとってもWin-Winの結果になる。そういう遠回りでも地に足のついた指針をお伝えしたいと考えています。

では、具体的にどうすれば、本人が「ありたい姿」を描けるのでしょうか。

そのためには、本人が「ありたい姿」を考えることが最初で最大のポイントです。

「ありたい姿なんて、自分のことだから今さら考えなくても分かっている」
「就活じゃないんだから、そんな青臭いことを考えても仕方ない」
「仕事なんだから与えられた仕事をやるだけで、考える時間が無駄」

このように感じるかもしれません。

40代や50代のキャリア研修を行うと、有名な大手企業の社員でも、

「ありたい姿や、やりたいことなど、自分のＷＩＬＬを考えたことも無かった」

「給料がもらえるから働く、家族のために働く、以外に思いつかない」

「なぜ自分はこの会社で働きたいのか、入社以来考えたことが無い」

「働く意味と言われて、正直ピンとこなかった」


このようなコメントが多く出ます。

これは本人たちの能力や意欲の問題ではなく、「考える必要がなかった」「考える機会を与えなかった」「考えてもらうと都合が悪かった」企業側や日本の雇用システムの問題もあるかもしれません。

「どんな人生を送りたいのか」「どういう自分でありたいのか」「どんな仕事にやりがいを感じるのか」「大切な人から、どんな自分と言われたいか」「なぜ、この会社で働くのか」「いつまで働きたいのか」「仕事を通じて、どう社会や組織に貢献したいのか」等、自分のＷＩＬＬについて問いを立てることで、「生きることや働くことへの

「意味付け」を行うことが有効です。

マーティン・セリグマン博士によって提唱されたポジティブ心理学では、こうした意味付けを「**ミーニング**」と呼び、意味付けができると働くことへの幸福感が高まると言います。

「ありたい姿」と似た言葉に「あるべき姿」がありますが、個人的には好きではなく、コンサルティングの現場でも使いません。

「あるべき」の語感には「他人や外側から決められるもの」「理論的にこうすべき」というニュアンスを感じます。「あるべき」論はＷＩＬＬではなくＭＵＳＴに近いので、本質的な原動力に繋がりにくいと考えています。

あくまで、「（他人からどう思われようが）自分のありたい姿」「（理屈抜きで）本音の感情として、心からやりたいこと」を掘り下げて、そこに向けて近づいていく姿勢こそ、特に人生やキャリアの後半戦に差し掛かるミドルシニアが長く活躍するには重要だと思っています。


「どういう人生や働き方が本人にとって理想的なのか」は、結局のところ、自分に

しかわかりません。そして、自分の「ありたい姿」が見えてくれれば、現状とのギャップや上司のフィードバックも、自分事として受容しやすくなります。

例えば、「やはり自分は、この会社が好きだし、65歳まで今の仕事を続けたい」と考えたとすれば、「現在のスキルや成果だと、その状況が獲得できない」という上司のフィードバックに対して、スキルや成果（CAN）の向上は会社の必要性（MUST）だけでなく自分の必要性（WILL）を満たすことに繋がります。

場合によっては、「自分のありたい姿は、現在の会社や仕事の延長線には無い」という気付きがあるかもしれません。その場合は、今後の選択肢をさまざまな角度から検討し、自分にとって納得できるキャリアを選択することも大切です。

働き方も多様化し、働く年数も長くなっている現在、「会社に残る」「違う会社で働く」「副業や複業で働く（パラレルキャリア）」「起業する」「社会貢献活動をする」など、選択肢は終身雇用が大前提だった昔より豊富です。

会社によっては、勤続年数が長い社員には「転身支援制度」「セカンドキャリアサポートプログラム」「選択定年制度」などの名称で早期退職優遇制度を用意して経済面や再就職の支援を提供している場合もあります。

上司や会社としては、成熟した大人である本人に対して、特定の方向へ誘導したり、何かを強制したりする必要はありません。本人が自由意思で選択した結果に対して「気持ちを尊重し、サポートする」という姿勢が大切です。

ただし、「自由意思の尊重」ということは本人にとって甘い話ではありません。

「やりたい仕事は、自分の力や意思で取りにいかないと与えられない」

「ありたい姿もやりたいことも見つからないなら、会社に職業人生の主導権を預けることになる」

「やる気も成果も出せない状態が続くなら、会社から契約終了を言われる可能性がある」

こうしたシビアな側面もあり得る中で、「自分で自分の意思を掘り起こす」「自分で自分を動機づける」努力は求められます。

「予期せぬ変化」「望まない変化」は4ステップで乗り越えられる

前章で紹介した行動変容を促すネガティブフィードバックは、上司と「働かないおじさん」が一対一で腹を割って面談するワンオンワン・ミーティングによって実施されます。

そこで上司から伝えられる言葉は、本人にとって「予期せぬ変化」や「望まない変化」となるでしょう。

一般的に、「能力の低い人ほど、自分の能力や状態を客観的に認知・修正する能力も低いため、自分を過大評価してギャップが大きくなる」という「**ダニング＝クルーガー効果**」も働きます。

そのため、上司のフィードバックに対して、「成果が出ていない人ほど反発しやすい」「変化に抵抗感を示し易い」という状況になりがちです。

ただし、こうした反発は、あくまで「人として自然な反応」です。

相手の状態や心理への理解に努めながら話し合いを尽くすことで、やがて「働かないおじさん」たちも、姿勢を変化させることが多くあります。

具体的には**「否定」「抵抗」「探求」「決意」という4つのフェーズ**を経て、最終的には変化を受け入れ、行動が変わっていくとされています。

各フェーズにおける本人の状態と、上司や周囲のサポート方法を紹介していきましょう。

各フェーズの傾向と対策

人の行動変容や組織の構造改革に関するコンサルティングに10年以上従事していますが、「人間は、本質的に変化をしたがらない」「その分、経営者は、常に当社には変化が必要だと言い続ける」「言っている（言われている）だけで変化しない」という場面に何度も遭遇しています。

これはなぜなのでしょうか？

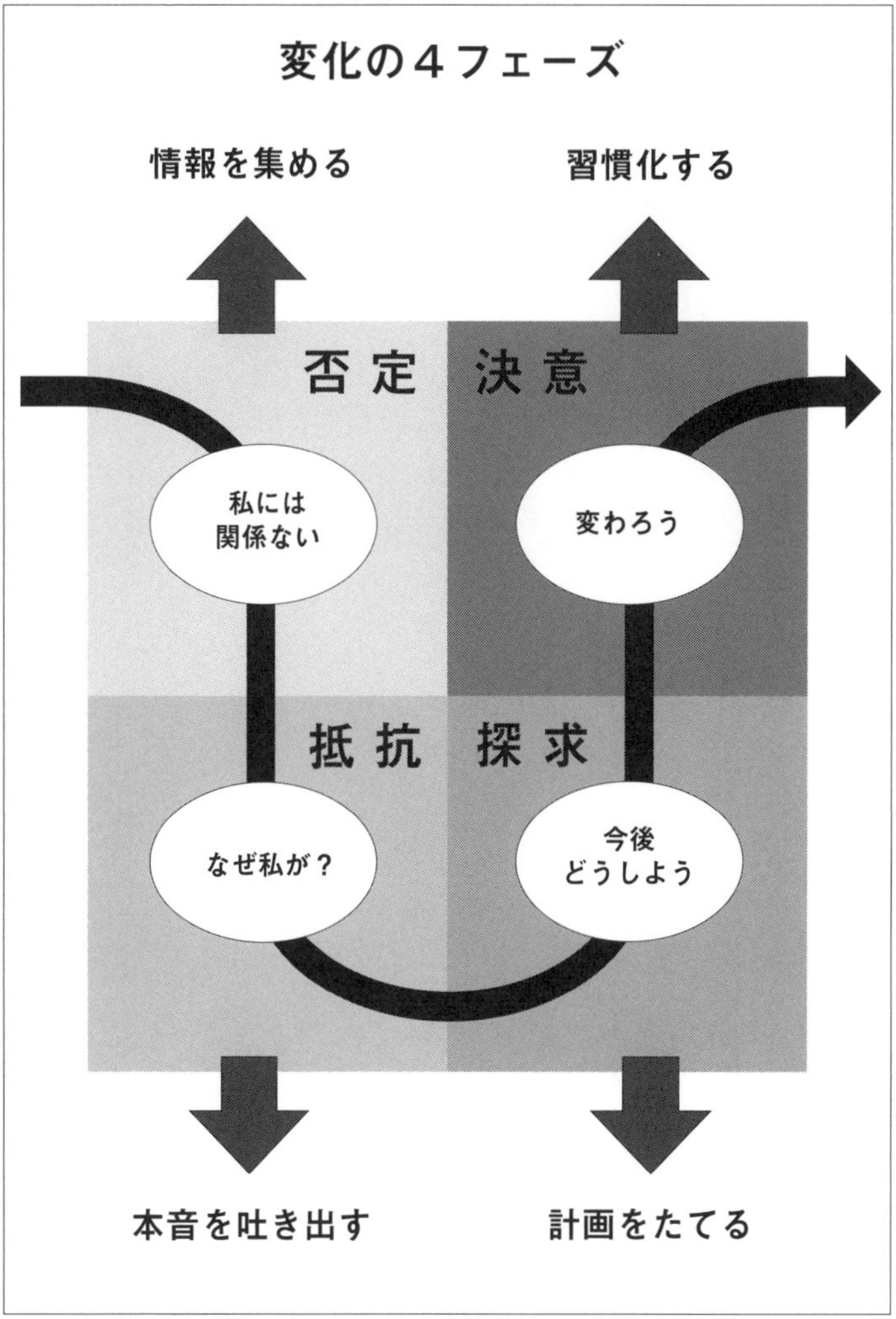
変化の４フェーズ
情報を集める
習慣化する
否定
決意
私には
関係ない
変わろう
抵抗
探求
なぜ私が？
今後
どうしよう
本音を吐き出す
計画をたてる

人間が、慣れ親しんだ状況を変えるには、大きなエネルギーが必要です。

一つは「**生存リスクへの精神的負荷**」。状況を変えた結果、良い方向に向かうとも限りません。当然ですが、変化にはリスクを伴います。変化のリスクは、昔なら餓死・戦死、今なら降給・失業・低評価・自尊心の毀損などかもしれません。

もう一つは「**学習や適応への労力**」。状況を変えるということは、新しい能力の習得や環境適応が必要になります。特に、現在の能力や環境へ適応するために長い時間と労力をかけてきたミドルシニア社員ほど、それを捨てる選択には覚悟が必要です（最近では、学び直しの「リカレント教育」だけでなく、学んだことを敢えて捨てる「アンラーニング」が注目されています）。

上記のようなエネルギーが必要なため、基本的には「現状維持でそのまま行ける選択肢があるなら、わざわざ状況を変化させる必要はない」と考える人のほうが多く、生物的には自然な行動です。

1 否定フェーズ

「予期せぬ変化」「望まぬ変化」をいきなり受容する人も中にはいますが、それは非常にまれなケースで、多くの人は「自分には関係ない（根拠なき楽観）」や「たいした変化は起こらない（過小評価）」と思いがちです。

こうした心理状態が、最初の心理状態「否定」です。

例えば、自社の決算情報や社長の動画メッセージで「会社の状況**は厳しい**」「当社には変化が必要だ」という情報を見ても「自分の仕事や状況はとりあえず明日も変わらない」「うちの会社（自分）は大丈夫」と根拠なく思い込んでしまう人は意外と多いです。

これは、「自分だけは大丈夫だ」と思いたい（思い込む）、「**正常性バイアス（または現状維持バイアス）**」という心理が働くためです。

正常性バイアスとは、もともと災害時の心理学で「自分にとって危険な変化は起こらない（はず）」と脳がリスクを過小評価するメカニズムのことです。常時「自分が危険だ」「変化が必要だ」と考えると精神的エネルギーを消費するため、「危険や変化は起こらない」という前提で生活をしたい欲求があります。

例えば台風のときに川の様子を見に行って流される事故が毎年のように起こったり、新型コロナウイルス感染症が流行しているにもかかわらず飲み会をひらいて集団感染を引き起こす報道を見かけたりします。

第三者的な視点ならば、「わざわざそんなリスクを取る意味が分からない」と思うところですが、当事者になると、「まさか自分に限って危険な目にはあわないだろう」「この位は大丈夫」と根拠のない楽観的な思い込みを抱いてしまうことが発生します。これが典型的な正常性バイアスの現れです。

こうした現象は仕事の現場においても同じことです。

正常性バイアスによって、どこかで「自分には、会社や環境の変化など関係ない

（関係があってほしくない）」と思い込んでいる人に向かって、「あなたも変わらなくてはいけない」といくら言っても、なかなか話は通じません。

否定フェーズにおいては、「ネガティブな状況を受け入れられない」「リスクを直視できない」といった反応を示すほうが、人として普通です。まずはこの事実を、上司側も本人側も率直に受け止めましょう。

否定フェーズで本人が行うことは、「情報収集」です。

「周りで何が起きているのか」「今後どういう状況になるのか」「変化しないと、どんなリスクがあるのか」「変化すると、どんなチャンスがあるのか」について、不都合な事実も含めてキチンと正しい情報を集めて向き合うことです。

上司の側から言えば、「**厳しいことでも、キチンと情報を伝える**」ことが必要です。

例えば、会社が今後、人事制度をジョブ型に移行していくことが確定しているのであれば、「その結果、どんな可能性があるのか」「自分に、どんな影響があるのか」「適応できないとどうなるのか」等を、上司や人事と話したり、経営のメッセージを確認して情報収集を行います。
「当社はこれまではメンバーシップ型で、異動や昇格は会社主導、給料も年功序列的に一律で上がっていた。これからは、自分の働き方や貢献領域を自分でコントロールして、期待以上の成果を上げないとポジションが獲得できない。どんな職務（ジョブ）が求められるのかも、自分で探していく必要がある。新しいジョブで高い成果を出せば今まで以上の報酬が得られる一方、獲得できるジョブ次第で報酬が下がる可能性もある」などの変化に関する情報を、まずはしっかりと収集しましょう。

厳しい事実も含んだ正しい情報を知ることは、「気づきの機会」「変化の起点（トリガー）」になります。気づきの機会は一日でも早く提供してあげることが、本人にとって得なはずです。

とはいえ、厳しい事実を聞いた人が、「そうか、明日から頑張ろう！」「前向きに変化しよう！」と即座に反応することは、滅多にありません。

実際には、「ネガティブな情報」に対して脳内では、「変わりたくない気持ち」「変わらなくていい理由」「変わる必要性」「変わらない危険性」に対する思いが錯綜し、ある種の「居心地の悪さ」が発生します。

こうした「居心地の悪さ」は、心理学や脳科学でいう「**認知的不協和**」という状態で、本人の意識（認知）の中で「葛藤」や「矛盾」が起きます。

自分が今まで正しい・心地よいと思っていた事実や状態に対して、矛盾した現実が突きつけられるので、不快に感じるのは当然でしょう。

この「認知的不協和」こそ、「否定フェーズ」を乗り越えていくために必要な心理状態と言えます。人は矛盾や居心地の悪さを感じる状態でい続けることはストレスが溜まるので、解消に向けて何かしらのアクションを取り始めます。

このフェーズにおいては「言われた本人はいきなり前向きになれなくても当たり前」「話を聞いた結果、不快や矛盾を感じるのは自然」「矛盾や居心地の悪さを感じてくれただけマシ」ということを、上司も本人も理解しておくことが重要です。

一番マズいのは、「不都合な情報から目（耳）を背ける」「厳しい情報を受け取っても、何の感情も持たない」状態です。その場合は、上司や経営者から、より厳しい情報や可能性を伝える場合もあります。

「**再活性プログラム**」という、パフォーマンス不足やミスマッチ状態からの脱却を目指す4日間の弊社プログラムの場合、冒頭で下記のような厳しい情報・問いを落ち着いた表情・声で受講者へ投げかけます。

「残念ながら、皆さんの成果や働きは、会社の期待を下回っている状態です」
「会社は、皆さんの改善や行動変容に期待して、この機会を設けています」
「ただし、この機会を使っても改善が見られない場合、処遇の低下や異動や（企業によっては）退職勧奨などの厳しい措置を取らざるを得ない可能性があります」
「こうした機会は、たぶん今回が最後となります」
「自分は、会社の評価やこうした研修を受講することに納得できない、と感じることも自由です」
「成熟した大人として、研修を受講する・辞退する、改善を目指す・目指さない、会社に残る・去る等、自分の意思で選択してください」
「コロナ禍の厳しい経済情勢の中、こうした機会さえ与えられずに会社を去らざるを得ない事象も、社外ではたくさん発生しています」

こうしたメッセージを受けて、実際に研修を辞退した方は、過去数百人中1名でした（その方は、会社自体を離れる決断をしたそうです）。

ほとんどの方は、自分の置かれている厳しい状況や会社の本気度を理解して、不安や迷いを抱えながらも自分と向き合うことを選択していただいています。**変にオブラートに包まず、伝えるべきことを誠実に伝えてあげる**ことで、「働かないおじさん」と見られている方も真摯に行動変容を目指してくれるはずです。

2 抵抗フェーズ

最初は「自分には関係ない」という否定フェーズだった人も、正しい情報を収集することで「自分の置かれた状況を考えれば、今後は自分から変化していかないと厳しい」という現実だけは受け入れるようになります。

しかし、この段階ではまだ「頭では理解できるが、感情的に納得できない」という抵抗感を抱くケースが多いです。

特にミドルシニア社員の場合、「自分の先輩たちは良かったのに」「長年頑張ってきたのに梯子を外された」「よりによって、なぜ私が?」といった不公平感や、「総論は分かるが、今更変化できるわけがない」「今更、変化や新しいスキルの習得は面倒だし不安」と諦めを感じたりするケースも多いようです。

「なぜ私が?」と納得できない状態。これが「抵抗フェーズ」の姿です。

例えば、「会社の言っていることは理解できた。しかし、5年前に引退した先輩は普通にリタイヤして悠々自適に暮らしている。自分の代からいきなり手のひらを返されるなら、単にタイミングによる運次第ではないか！　納得いかない！」といった反応などは、抵抗フェーズの様相と言えます。

このフェーズでは自分に突きつけられた不都合な事実について、自分の行動の結果だとは考えません。「こんなことになってしまったのは環境や他者のせいであり、自分は被害者だ」といった**他責的な考え方になるのが一般的**です。

部下がこのような反応を示したとき、上司がやりがちな失敗が「説得」です。「あなただけではなく、みんな同じだ」「失敗をおそれるのは分かるが、やってみなければ始まらない」「そんなことを言っても、決まったことだから仕方ないだろう」といったセリフが上司の口から飛び出しがちです。

しかし多くの場合、このような説得は相手が抵抗フェーズにいる場合は無駄です。「変わりたくない」「周囲が悪い」「なんで自分が？」といった心理状態にある人は、「説得されたくない」「納得したくない」ので説得は困難です。

理屈や上司権限で説得し、仮に「わかりました」と言わせることができたとしても、本心から納得していないＹＥＳには意味がありません。むしろ、「この上司と議論してもどうせ無駄」といった諦めの気持ちで面従腹背になってしまうと、部下の本音が把握できず信頼関係も毀損するため、その後のコミュニケーションが極めて難しくなります。

抵抗フェーズで本人が行うことは「思いの吐き出し」

抵抗フェーズにおいて本人が行うことは「**気持ちの吐き出し**」と「**言語化**」です。

「納得いかない感情」「納得できない理由」「今後への不安」「上司への不満」「会社への恨みつらみ」、何でも構わないので、出し切るまで吐き出しましょう。その際には、単に頭でグルグル考えるのではなく、「書き出す」「人に話す」等のアウトプットが重要です。

そうすると、「自分が何に怒っているのか」「何が不安なのか」「自分はどうしたいのか」が、具体的に見えてきます。

怒りをコントロールするアンガーマネジメントでは、「**アンガーログ**」と言って怒りを感じた出来事を書き出して可視化・点数化するテクニックがありますが、その応用です。

吐き出す相手は上司でも良いですし、信頼できる同僚、キャリアカウンセラーやコーチなどの専門家でも良いと思います。

抵抗フェーズで上司がやるべきことは、「説得」ではなく「傾聴」です。

じっくりと時間をかけて本人の言い分に傾聴（耳と心を傾けて聴く、と書きます）しましょう。その際、相手の不安な気持ちや抵抗感を途中で遮ることなく全部吐き出させ、一度は受容してあげる。これが重要です。

ただし、「相手の言い分をすべて鵜呑みにする」「実現できない要望を了解する」ということではありません。あくまで「気持ちを受け止める」「理解を示す」ということです。

本心から納得しているかどうかは、顔を見ればわかるでしょう。言葉だけ「わかりました」と言っても、不満そうな顔をしているようなら、「何か引っかかっていることがあれば、この機会に全部言ってください」と促し、とことん話に付き合ってあげることが必要です。ガスがすべて抜けて、「これ以上、言うことはありません」という状態まで付き合ってあげましょう。

これは上司の側に相応の忍耐が要求されます。

「いい大人なんだから、自分のことは自分で何とかしてくれ」

「下手なことを言われたら、対応が面倒だから説得しよう」

「何でこの部下は、自分の目線でしかものを考えられないのか」

「置かれている状況への認識が甘い」

「どこで、言葉尻を捕まえて説得してやろうか」

こんな思いがよぎるかもしれません。

しかし、この段階で思いのたけをすべて吐き出してもらうことが、次の段階に進んでもらう上での極めて重要なプロセスとなります。

人間は、自分の気持ちや、怒りの原因、不満の理由を言葉に出していくと、だんだん気持ちが落ち着いて客観視できるようになります。先ほどの「アンガーログ」の考え方です。

また、「カラオケで熱唱する」「居酒屋で愚痴を言う」「木の穴に大声で叫ぶ」など、喜怒哀楽の感情を外に出せばだんだんとスッキリしてきます。これは、「**カタルシス効果**」と呼ばれる現象です。

上司側としては、思いのたけを包み隠さず吐き出してもらうためには、「本音を言っても大丈夫」「この上司は真剣に理解しようとしてくれている」という安心感を持ってもらう必要があります。「**心理的安全性**」という言葉が、人事マネジメントの世界では注目されていますが、特に抵抗フェーズの面談では意識することをお勧めします。

上司が「こういう方向に誘導しよう」「何も分かっていないので説教しよう」「今回のワンオンワン・ミーティングでイエスと言わせよう」という態度で臨むと、言葉に出さなくても、部下は敏感に雰囲気を察知します。そうなると、もはや本音を言ってくれることは期待できません。

「本音を言って損をした」と感じさせてしまうことは絶対に避けなければいけません。**上司が怒りをあらわにしたり、イライラした態度を見せたりするのは厳禁**です。

このフェーズでは、上司側が解決策を提示する必要はありません。ただひたすら傾聴に徹するのです。

相手の持っている物語（ナラティブ）を、興味や誠意をもって聴ききって理解しようと努力する、というスタンスが良いと思います。上司と部下は立場も情報量も違うので、見えている物語や視点、受け止め方は異なるのが当然です。

上司がひたすら傾聴に徹して何度も話を聴いてくれると、心理学的に「**単純接触効果**（ザイアンスの法則）」と呼ばれる現象が起こります。これは平たく言うと、「自分と長く接してくれた人に好意を抱く」という心理効果です。

心理学の「返報性の原理」を活用する

次に待っているのは、「**返報性の原理**」と呼ばれる心理です。これは「恩を受けたり、親切にされたりすると、自分も相手に返したくなる」という気持ちを表します。「自分の話をしっかり聴いてもらったので、上司の話も真剣に聴こう」という感情が芽生えます。

上司が部下の話を傾聴してあげることで、相手にこれらの心理効果が働き、上司への信頼感や親和性が増します。その結果、その後のコミュニケーションが建設的に成立しやすくなります。（これは何も「働かないおじさん」と面談するときに限った話ではなく、本来は日常のすべてのコミュニケーションで心掛けておくべきことですが、特に双方にストレスが溜まるネガティブフィードバックや抵抗フェーズの面談では心掛けておきましょう）

上司が傾聴に徹することで、本人の感情を整理することができれば、「結局、自分はどうしたいのか？」「自分にできることは何か」という内省が始まります。

「予期せぬ変化」「望まない変化」だったとしても、その変化自体は自分でコントロールできないものであり、その組織に所属している以上は避けられないことだと理解して、最終的には自分の行動を選択する必要があることを、自分事として受容していきます。

抵抗のフェーズを脱して次の段階に進むためには、**本人が認知的不協和を乗り越えて、じっくり自分の気持ちに向き合うための時間が必要**です。

抵抗フェーズで上司が傾聴する際のコツは、「とにかく黙って聞くこと」です。

しかし、これがなかなか難しいようです。

意外に「沈黙」が効果的

管理職研修でロールプレイを行うと、場が沈黙することを恐れるのか、部下が少しでもしゃべらないまま時間が流れると、食い気味に説明やアドバイス、または説教を始めてしまう上司がかなり多いです。結局、ロールプレイの時間中7割くらいを上司役がしゃべってしまい、部下役が話したのは最初と最後だけ、というケースも多いです。

しかし、こうした「沈黙を恐れる態度」は逆効果です。

部下が答えるまで上司が沈黙していれば、部下は投げられた問いを考えるしかなくなります。そして、いずれ部下のほうが（その沈黙に耐えきれなくなって）話し始めるはずです。

言語化するまで時間がかかる部下や、時間をかけて真剣に内省する部下もいます。部下が自分の気持ちや感情と向き合えるようになるまで、上司は3分でも5分でも黙って穏やかに付き合ってあげましょう。上司が沈黙を恐れて矢継ぎ早にアドバイスしたり質問を変えると、部下が内省する機会を奪うことになります。

「再活性プログラム」の場合、あるタイミングで「自分の置かれている状況に対する不安・怒り・不満・葛藤」などの本音を、自由に開示してもらいます。その際は、人事や管理職には退席していただき「**心理的安全性**」を担保するようにします。そこでは、さまざまな本音が出てきます。

「どうせ、会社や上司は自分を辞めさせたいのだろう」
「今の上司は、今までの自分の仕事や部門のことを何も分かっていない」
「何を発言しても否定され続けたので、今さら会社に本音は言いたくない」
「定年まで残り3年、何を言われても会社にしがみつきたい」
「会社にいるのも辛いが、この年で転職できる自信もない」
「本当はやりたいことがあるが、今の成績だと言っても無駄なので諦めている」
「自分でも今の状況が情けないが、どうすれば良いか分からない」

上司としては、いちいち説教や説得をしたくなるコメントかもしれませんが、まずは本人たちが「自分が感じていること」を吐き出して向き合うことが重要です。
自分の偽らざる本音を、似た立場の同僚と話し合うことで、少しずつ「それで、結局どうするか？」という議論が生まれてきます。
「会社が本当に辞めさせるつもりなら、わざわざ手間と金を使ってこんな機会を用意するだろうか？　一度、疑心暗鬼を捨てて、素直に受け止めてみよう」
「今の状況を放置して諦めているだけの自分は格好悪い。何かヒントを探そう」
「上司への不信感で本音を言わなかったが、そういう態度が上司との距離を広げていたのかもしれない」

このように、少しでも「自分ができること」「自分が変えられること」に目が向き始めると、次の「探求」フェーズに移行していきます。

いきなり前向きなコメントが出るほど甘いものではなく、通常は3～4日をかけて徐々に気持ちや発言が変容していきます。強制的に洗脳するような取り組みではないので、残念ながら、最後まで他責や抵抗で終わる人もゼロではありません。

抵抗のフェーズをクリアすると、「自分で選択できるこれからの行動」や「自分の未来」について思考が移ります。これが探求フェーズです。

3 探求フェーズ

探求フェーズに入ると、「他人の責任にして不満ばかり言っても仕方がない」という思いを経て、「やはり自分でなんとかしないといけない」という前向きな心境になってきます。このような「過去や他人」ではなく「未来や自分」に向かう心境の変化が、行動変容が始まるきっかけになります。

探求フェーズで本人が行うことは、「**ワクワクする計画**」です。

「自分はこんなふうになりたい」「こういう状態を目指したい」「こうなれたら嬉しい」という、自分の願望を具現化して、達成に向けた計画を考えることです。

探求フェーズで上司が行うことは、「**一緒に考える**」、「**支援**」です。

プランの実現に向けて、本人の相談を受けて上司がアドバイスするのは構いません。しかし、プラン自体は本人に考えさせる必要があります。他人から押し付けられた計画は、自分事として本気になりにくいので、多少粗くても本人が本気で考えた計画を基に、必要な部分を支援する姿勢が有効です。

このフェーズに来れば、本人は感情面では落ち着いてきているはずです。なので、上司としても本人の願望・プランを聞いた上で、現実的に無理なものは無理と伝えて、実現可能な計画や選択肢を一緒に考えましょう。

本人がプランを描いたら、「本人の望ましい状態」が実現した時に感じる気持ちや目に見える光景など、なるべく具体的な映像として語ってもらいましょう。

そうすると本人の脳内に快楽ホルモンと呼ばれるドーパミンが放出され、より強い動機づけがなされます。

上司と部下が一緒になってワクワクする

人の脳は不思議な機能があり、実際にやっていないことでも、想像することで、やった時の気持ちや興奮を味わうことができます。

例えば、旅行の計画を立て、美しい景色のガイドブックを眺めながら、旅行のプランを考えていると、まだ行ってもいないのにワクワクすることがあると思います。これがドーパミンによる効果です。

これは、本人が計画を立てるからこそ得られる快感で、上司が「こうしたらどうだ？」「こうしなさい」などと言ってしまうと、本人から快感を奪うことになってしまうでしょう。


「その状態が実現できたら、どんな気持ちになる？」

「同僚や顧客や家族から、どんなコメントをもらえると嬉しい？」

「○年後に、どんな状態でいられたらベスト？」

「どんな行動が、ベストな状態に近づくことになりそう？」

「実現に向けて私が手伝えることはある？」


こうした問いかけは有効です。本人が自発的に計画を具体化したり、イメージを強化したりするための支援になるからです。

部下の語る計画に対して、上司が共感や感動の言葉をかけてあげると、より効果的でしょう。部下本人の立場で言えば、「一緒に喜んでくれそうな人」「興味を持って聴いてくれそうな人」と話すと計画への動機付けが強まり効果的です。

たまに、部下の計画に対して無感情・無関心で「それで数字は達成できる？」「できなかったらどうする？」など、機械のように確認だけを行う上司がいますが、そういう上司と計画を話しても、部下は楽しくも嬉しくもなく、当然ドーパミンも分泌されません。「部下の描く状態や世界を、一緒に楽しむ・喜ぶ」という情緒的（エモーショナル）な能力が、上司には求められます。

ここまでくれば、当初は現状について否定的な思考をしていた「働かないおじさん」たちも、「こうなりたい」という未来型・自律型の思考へシフトしていきます。「未来のありたい姿（ＷＩＬＬ）」が明確になると、「どんな能力を高めるべき（ＣＡＮ）」で、「周囲の期待とどうすりあわせるか（ＭＵＳＴ）」も具体化してきます。どうやって3つの円を重ね合わせるべきか当事者意識を持って検討する段階に入れるのです。

「再活性プログラム」の場合、この計画を立てる際には「**ミラクルクエスチョン**」「**ゴールフォーカス**」という観点を伝えています。

「ミラクルクエスチョン」とは文字通り、「奇跡が起きたとしたら」という問いで、「色々な制約条件（家族のこと、家計のこと、転職の可否、人事制度の制限など）を取り除いたとしたら、どんな仕事をしたいですか？　どの会社でどの職種を選びますか？　会社に残りますか？」など、「今の仕事で、今の会社で、今の関係で、頑張らなければいけない」という制約を一回外して考えてみてもらいます。

「ゴールフォーカス」とは、「ゴールに注目して逆算する」という考えで、有名な「7つの習慣（フランクリン・コヴィー・ジャパン）」では「第二の習慣（終わりを思い描いてから始める）」と表現されています。

「ゴール」は、「自分にとって、一番大事な瞬間」や「人生の節目」が分かり易いです。「その瞬間に、どんな自分でありたいか？」「ゴールにたどり着いた自分は、周囲からどんな言葉を投げかけてもらいたいか？」「どんな気持ちで、仕事人生や人生を締めくくりたいか？」等を考えてもらいます。

その結果、探求フェーズではかなりワクワクする本音を伴った未来図が出てくることがあります。

「娘が大学を卒業して巣立つときに、格好いい親でいたい」

「定年退職して会社を離れる日に、同僚から惜しまれながら門を出たい」

「自分が死ぬ時に、人生に悔いがなかったと言い切りたい」

「大型プロジェクトの成功で味わった達成感を、また味わいたい」


自分にとって、ポジティブな感情を伴うゴールが見えたら、そこにたどり着くための計画は、「他人からやらされる」ものではなく「**自分のためにやりたい**」ものになります。

4 決意フェーズ

否定・抵抗・探求というフェーズを自分で乗り越えると、変わることが楽しく感じられ、変わることへの抵抗感がなくなります。

変化を自分事として受容し、自身も行動変容していくのが「決意」フェーズです。

この段階では、「外部の情報」「自分の内心」「未来のありたい姿」を統合したうえで納得して自らの意思で内発的に変化するので、叱責や強制によって起きた外発的な変化に比べて実現性と継続性が高くなります。

アメリカの有名な心理学者であるアブラハム・マズローによると、人間の欲求は「生理的欲求」「安全欲求」「社会的欲求」「承認欲求」「自己実現欲求」の5つの階層に分かれるとされています。

「決意」のフェーズでは、上記のうち「承認欲求」「自己実現欲求」をうまく仕組化・習慣化することが重要です。

「承認欲求」とは、誰かに認められたい、褒められたいという欲求です。

人は社会的動物なので、他人から注目や称賛を受けると、快楽ホルモンであるドーパミンが分泌され、心地良さを感じます。

決意フェーズでは、探求フェーズにおいて立案した計画を実行に移していくことになりますが、「やってみたら難しかった」「目先の仕事に追われていつの間にか計画も忘れてしまった」など、いわゆる「三日坊主」になる可能性があります。

「三日坊主」を防いで行動を習慣化するために、「褒めてもらう」「注目してもらう」仕組みを、本人と上司が合意の上でつくると有効です。

最も大事なのは「続けること」

例えば、本人が計画したプランを上司（または人事、コミュニティ、外部コーチ、キャリアカウンセラーなど）と共有、定期的にワンオンワン・ミーティングで進捗を確認、実行できたことがあれば意識的に褒める（注目する）ことで、承認欲求をある意味で仕組化して刺激し続けることが可能になります。

このとき、最終的な結果だけを注目して褒めるのではなく、途中のプロセスや行動をつど褒める（フィードバックする）ことが大切です。特にミドルシニア社員の活性化に関しては、**「いきなり成果が出ること」ではなく「行動や発言が変わり始めること」「変化が継続すること」が重要**です。

プロセスに注目すると継続的に新たな動機づけがされるので、本人の行動も継続しやすくなります。イメージとしては、マラソンのコースの途中で、コーチや観客が声援やペース情報を送ったり、栄養補給してあげたりする姿に近いでしょう。

ちなみに、「褒められること」でなくても「注目されること」でも一定の動機付けはされるため、「できていないことを褒める」必要はなく、「できたかできなかったかに、周囲が建設的な関心を持つ」だけでも「次はできるように頑張ろう」と思いやすくなります。

計画や行動の習慣化としては、上司や同僚、または顧客と直接コミュニケーションをする中でそのつど相手から褒められるのがフィードバックの効果が高くベストですが、全員がそこまで自分に関心を持っているわけでも時間や工数を割いてくれるわけでもありません。

そこで、ITツールや自分の人間関係等を活用した「自分で自分を褒める仕組み」「習慣化を促進する工夫」も大事になります。

「アプリやスマホのメモ機能で自分自身の変化や行動の状態を自ら記録する」
「SNSや社内イントラに、自分のプランを発信し、周りから応援してもらう」
「クラウドシステムやスケジューラに、自分の行動計画を予め入力しておく」
「会議や勉強会の場で、自分の行動を発表する機会をもらう」
「社外コミュニティに参加し、定期的に外部から刺激を受ける」
「家族や友人や同僚に計画を宣言して、引っ込みがつかない状態にする」

こういったことも効果的でしょう。

このように、「自分の目標や計画を可視化・情報発信して、それに対するフィードバックをもらう」行為は、「**パブリック・コミットメント効果**」と呼ばれる効果があり、目標の達成率や計画の継続率が高まると言われています。

行動が変化して成果が出るようになり、十分に承認欲求が満たされると、次に訪れるのは「**自己実現欲求**」です。

これは「自分の能力をさらに高めたい、試したい」「自分の才能を思うぞんぶん発揮したい」「仕事を通じて、社会や周囲に貢献したい」という願望です。

最終的には人からの評価は関係なく、変化・成長してより仕事の質を高めるのが楽しいと思うようになります。

「仕事の報酬は仕事」という表現がありますが、「自己実現欲求」を仕事で感じる人は、「仕事自体が楽しい」「もっと能力を高めたい」「もっと難しい仕事にチャレンジしたい」という気持ちが芽生えます。

「自己実現欲求」が満たされている状態の時には、「**ゾーン**」「**フロー**」「**熱中**」「**没入**」などと呼ばれる、時間や雑音を忘れて仕事に注意リソースを集中し、楽しくてやらずにいられない心理になることもあります。

部下本人が集中して仕事を楽しみ、自分を高め続けるようになると、上司の役割は

「任せる」「見守る」「応援する」という形に変化していきます。

「再活性プログラム」の場合、研修中にこの「決意」後の行動変容を見ることはありません（「探求」での計画立案がゴールになります）。ただ、その後にフォローアップのキャリアカウンセリングや人事とのヒアリングを通じて、しっかり変化を受容する様子をうかがう機会があります。

「やらされ感ではなく、自分の意思で昇格試験にチャレンジし始めた」
「若手の勉強会に参加することが、自分にも若手にも良い刺激になっている」
「SNSや社外コミュニティを使って、自分の視野や知見を広げ始めた」
「若い頃の仕事への情熱を取り戻して、働くことを楽しんでいる」
「熟慮した結果、会社を離れてUターンし、故郷のNPOで地域貢献をしている」

「働かないおじさん」の多くが「やらされ感」や「他責」ではなく、**自分で自分の未来を描き、仕事が楽しくて仕方ないという状態**になれば、本人のみならず組織も自然と活性化していきます。

最短3カ月で、人は変わる

これらの4フェーズを通過するために要する時間は、人によって異なります。

ロンドン大学のフィリップ・ラリー博士の研究では、**人が新しい行動を習慣化するのに要する日数は平均66日**だそうです。これは単純計算で2カ月強、週5日で働く場合は実質3カ月前後になるでしょうか。

現場のコンサルティング経験で言えば約半年、最短で3カ月あれば人の行動は変わることができます。そして、行動が変わることで周囲や上司の見方や評価も変わり、その結果として本人の意識も大きく変化していきます。

「心が変われば行動が変わる。行動が変われば習慣が変わる。習慣が変われば人格が変わる。人格が変われば運命が変わる」とは、哲学者ウィリアム・ジェームズの名言ですが、行動が変わると、文字通り職業人生の運命が大きく好転していきます。（裏

を返せば、行動しないこと、変化を諦めることも、本人の運命を厳しい方向に変えることになります）

そのためには本人の意思が必要なことは当然ですが、**上司や会社の本気度**も大いに影響します。本人・上司・人事が「不都合な事実にも向き合う」「一定期間、本気で向き合う」という覚悟をもって臨めば、予想を遥かに上回る変化が生じる事例も多数見てきました。

「やらないと気持ちが悪い」くらい良い行動が習慣化され、「仕事に熱中して時間を忘れる」くらい没頭する、そんな状況を目指してはいかがでしょうか。

この章のまとめ

- ☑「働かないおじさん」本人が自ら変わりたいと思うことで変化は始まる。本当に変わるためには、自分の「ありたい姿」について真剣に考えることが大事。

- ☑ 上司が本当に腹を割って「不都合な事実」も伝えてあげる。それに対して拒否反応を示すのは「人として普通」である。

- ☑ 人はすぐには変われないが、本人が本音を吐き出し、上司が真剣に傾聴することで、ほとんどの人は4つのフェーズを通して少しずつ変わっていける。

- ☑「ワクワクする、ありたい姿」を本人が自由に探求し、上司が共感や関心を示してあげる。

- ☑ 最終的に、変わることが楽しいと感じるようになり、変化が習慣化することがゴールである（決意フェーズ）。決意したことを実行するためには、承認欲求と自己実現欲求の扱いが大事。

第6章

もしも「働かないおじさん」と同じ部署になったら?（同僚向けトリセツ）

この章でお話しすること

- ☑ 年上の「働かないおじさん」といっしょに働くことになったら
- ☑ 年下の立場から「働かないおじさん問題」に向き合う方法
- ☑ 「陰口」ではなく「表口」で問題を解決するコミュニケーション
- ☑ 「働かない上司」を動かすボスマネジメントとは
- ☑ リーダーでない立場でもリーダーシップを発揮するために

これまで、「働かないおじさん」本人、上司、会社の人事や経営者の視点から、問題にどう対処すべきかを考えてきました。

しかし、「働かないおじさん問題」に頭を悩ませているのは、そうした人たちばかりではありません。同じ部署にいる同僚や後輩、「働かない上司」の部下など、影響を受ける人は数多くいます。

「働かないおじさん問題」が、これだけ社会的な注目を集めているのは、そもそも「その世代が多い」ことがあります。50代の「バブル世代」、40代後半から50代前半の「団塊ジュニア世代」は、多くの企業ではボリュームゾーンになっています。

そのため、確率論として「働かないおじさん」と同じ職場、同じ部署になることは、別に珍しいことではありません。

本章では特に、年上のローパフォーマーと一緒に働くことになった場合、どう接するべきか考えてみたいと思います。

自分が上司でなくても「働かないおじさん問題」は対処できる

「働かないおじさん問題」の難しい点は、単に本人の成果が上がらない、というだけではありません。同僚や部下のモチベーションなど、「組織のモラル」に少なからず影響を与えてしまうことが、実は大きな問題なのです。

もしも、中高年のローパフォーマーに対して、経営者や上司が注意や指導をせず放置してしまうと、若手社員、特にハイパフォーマーのモチベーションを奪うことにも繋がります。

頑張っている若手社員の心理としては、明らかに成果が出ていないにもかかわらず、「自分より高いポジションや給与が与えられている」かつ「本人が改善の意欲や行動を示さない」かつ「その状態に対して、上司や組織が何もしない」のは納得いかないことでしょう。

こうした場合、「働かないおじさん」本人に対する不満以上に、その状態を放置している経営者や上司の態度への不満や不信が蓄積されていきます。

弊社では「エグジット・インタビュー」という、「会社を自己都合退職する社員へのインタビュー」というサービスを行っています。

その際、「会社が期待していた、若手のホープ」が退職を選ぶ理由を聞くと、「給与の不満」以上に「成長できない危機感や停滞感」を口にする方が多いです。

「仲良し人事で、上司に気に入られたベテランが偉そうにしている」
「自分の上司は、技術や現場のことを何も分かっていないし勉強もしない」
「そういう上司やベテランを、経営陣も見てみぬふりをしている」
「こんな組織にいると、自分も将来同じようになってしまうことが怖い」
「結果、給与も安定もなくても成長できそうなスタートアップに転職する」

こうした気持ちを、最後に吐き出す若手を見てきました。

こういう若手の葛藤や早期離職は、新卒一括採用・年功序列・終身雇用を前提としてきた日本型雇用システムの中で、多くの企業が抱えている状況かもしれません。

一義的には、**こうした問題を解決するのは、組織をマネジメントする経営者・人事・上司の役割**であると考えています。


しかし一方で、若手を含む同僚や部下が、単に問題の解決を経営者や上司任せにすることは反対です。問題の傍観者や批判者でい続けることは楽な事ですが、本人たちにとって中長期で決してプラスにならないと考えています。

「面倒な問題の解決を上に委ねる」「批判はするが行動はしない」「嫌になったら、すぐに会社を去る」というだけの人は、シビアな言い方ですが「自分で環境を改善するための変化や行動を起こしていない」点で、数年後には自身が「働かないおじさん」になってしまう危険性が高いようにも感じます。

必ずしも、「無理して会社に残れ」「上司の無能まで部下が背負え」というつもりは無いですが、「自分の立場で、職場を良くするためにできることは無いか？」という思考は、持っていた方が市場価値の高い人材になれる確率が上がります。

若手社員も「働かないおじさん問題」を自分事として捉えてほしい

「働かないおじさん問題」は、相手本人だけでなく自分自身も働いている職場の問題です。

「せっかくだから、ベテラン社員が困っていることを解決してあげよう」

「自分たちが気持ちよく働ける職場環境を、自分たちで創造する経験を積もう」

「上司任せにせず自分にできることを探してみよう」

と、他責にせず自分ごととして取り組んでみると建設的ですし、「ポジションパワー（肩書の権限）ではなく組織マネジメント・メンバーマネジメント・ボスマネジメントを行う」貴重な経験になると思います。

「陰口」を言っても意味がない。必要なら「表口」を言う

コロナ禍で様変わりしましたが、以前はよく「居酒屋で、上司や同僚の愚痴を言う」場面があったと思います。

若い社員は「うちの上司（先輩）は、ちっとも現場が分かっていない」。

年配社員は「近頃の若いモノは、仕事への責任感が足りない」などなど。

「近頃の若いモノは」というフレーズは、4000年前のエジプトの遺跡にも残っていたそうで今も昔も変わりません。

愚痴を言うのは簡単な楽しみ（変化の抵抗フェーズで紹介した「カタルシス効果」や、「シャーデンフロイデ（他人の不幸は蜜の味）」という心理）で、陰口を言って盛り上がるのは楽しいかもしれません。

ただ、その効果としては「自分の気持ちが少し晴れる」だけで「相手の行動が変わ

る」ことは無く、根本的な問題は永遠に解決しません。

勇気あるコミュニケーションが環境を変える

「働かないおじさん問題」を解決するには、上司の対応についての章で触れた**「フィードバック」**によって、相手の気付きと行動変容を促す必要があります。

超能力者同士でもない限り、言わなければ相手に気持ちは伝わりません。


「こういう風に行動してもらえると嬉しい」

「こういう言動が続くと、仕事で困ってしまうので変えてほしい」

「私が手伝えることはありますか」

など、**まず自分がコミュニケーションの起点として動く**ことで相手や状況の変化を促すことを、考えてみてはいかがでしょうか。

組織に所属する一人ひとりが「自分でも変えられる所はないか」「お互いが感じていることは率直に話し合おう」と考える風土ができると、組織の風土は大きく改善していきます。

どうせなら、自分の憂さ晴らしにしかならない「陰口」ではなく、組織や相手の役に立つための「表口」にしてしまうのです。

相手や組織のためを思って発言することは「自分の課題」、その発言を相手がどう受け止めるかは「相手の課題」と、アドラー心理学でいう「**課題の分離**」を行い、勇気をもって一歩を踏み出すと、ベテラン社員や上司は、皆さんの勇気ある態度を尊重・信頼してくれることが実際は多いです。

若い社員ならば、「環境を変える勇気」も必要

こちらが誠意と勇気をもって接しても、まったく理解を示さず理不尽な態度を取る上司や先輩だらけの部署だった場合は、異動や転職で「その場所から離れる」ことも選択だと思います。特に若い社員にとって、長い職業人生を無理解な人間関係で浪費する必要はないと考えています（そうさせないことが、上司の役割です）。

離れる選択をする前に、今後の職業人生の経験としても「一度は向き合ってみる」という行動を推奨はします。

とは言え、「働かないおじさん」に対しての必要なアドバイスを思いついたとしても、実際は年長者だったり職位が上の人だったりするので、直接意見するのを躊躇しがちな気持ちも分かります。

言い方や言う場面を間違えると、トラブルを誘発する可能性もあります。

そんな場合、「働かないおじさん」や自分の上司を巻き込んで上手く動いてもらうことも、一つの解決策になります。このように、部下が上司を動かして、仕事の目的を達成しようとする行動を、「**ボスマネジメント**」と呼びます。

「ボスマネジメント」のポイント

ボスマネジメントでは、「上司の視点で、抱えている課題やニーズをくみ取りながら提言をしていく」ことがポイントです。

自分（部下）の視点だけで「こういうことに困っています」「こうしてください」と要求するだけだと、複数の課題や緊急性の高い問題を抱えている上司にとって「動く動機付け」が持てず、優先順位が上がりません。

「上司としては、どんな問題が解決できると嬉しいのか」
「組織を、どういう状態にしたいのか」
「上司の上司は、私の上司にどんなことを期待しているのか」

など、「上司のニーズ（ＷＩＬＬ）」を想像しながら、そこと「自分の希望（ＷＩＬＬ）」を重ねる文脈を探してみましょう。

「働かないおじさん」の直属の上司に相談してみる

例えば、「働かないおじさん」直属の上司は当然、この問題を自らの課題として捉えているので、相談しやすい上司と言えるでしょう。

「自分としては、あの先輩にこうなってほしい」

「その状態は、上司にとっても望ましい」

「その状態は、先輩本人にとっても望ましい」

というゴールが共有できれば、「その実現に向けて、上司にやってほしいこと」「同僚として協力できること」「本人が努力すること」が議論できるようになります。


このように、相手の見ている視点や物語（ナラティブ）を意識しながら共通点や解決策を一緒に考えるコミュニケーションを、「**ナラティブ・アプローチ**」と呼び、その考え方を紹介した『他者と働く〜「わかりあえなさ」から始める組織論〜（NewsPicksパブリッシング）』は人事の領域で大きな話題になりました。

「相手（上司や働かないおじさん）にも、相手が見えている景色や物語がある」ということを意識するだけでも、組織内のコミュニケーションはずっと円滑になります。

「上司は偉い」の先入観を捨てる

また、ボスマネジメントを使いながら「働かないおじさん問題」に対処する現実的な方法の一つとして、「役割分担（ロールプレイ）」が有効な場合があります。

残念ながら、上司はどんな無理難題でも対応できるスーパーマンではありません。「持ち味」というか「得意なスタイル」があります。そこを誤解して、「上司なんだから何でも解決すべき」と迫ってしまうと、上司自身が疲弊してしまいますし、あなたの意見を聴くのが面倒くさくなってきます。

部下としては、上司の「持ち味」を悪く言えば「道具」「ツール」として使いこなし、理想的な組織の状態を獲得する、ということになります。

部下も上司も間違いがちですが、「上司は偉い」「指示は常に上から」なわけではなく「**上司は役割**」「**部下も役割**」**にすぎません**。上意下達の指示命令ばかりでなく、

「お互いに協力して問題を解決する」「部下が絵を描き、上司に演じてもらう」ことは不自然ではないです。

例えば、営業方法を変える必要があるベテラン社員に対して、新任の上司が頭ごなしに説得しても反発されるケースがありました。

この上司は「じっくり話を聴く」スタイルは得意でも、「エネルギッシュにチームを引っ張る」スタイルは得意ではありません。ベテラン社員も、「何で新参の上司に指導されなければいけないんだ」というプライドが邪魔をして、素直に受容しきれない様子です。

その際、部下から「自分は同僚の立場で、今度の会議で営業方法に関する相談を投げかけます。その際に、対象のベテラン社員にアドバイスを言ってもらい、望ましい発言があったら、上司が上手に拾って具体化させる方向に持っていってください。意見や議論が混乱し始めたら、その際は途中でサポートしてください」

と、事前に上司と作戦を練ってから会議に臨む形を取りました。

その結果、ベテラン社員も「自分が相談されて言ったアドバイスを基に、営業方法を変えていくことになった」ため、気持ち良く協力してくれました。

このように上司とある意味で「結託する」のは、あざといように感じられるかもしれません。しかし、「それぞれが役割を演じきって成果を出す」ことが組織の存在する意味なので、対外的な活動だけでなく社内的な改善にチームプレイやそれぞれの持ち味を発揮することに、後ろめたさを覚える必要はないと考えています。

この事例でベテラン社員の言動が変化したのは、単に「上司と若手部下がうまく役割分担したから」だけではありません。

人間の根強い欲求である「**承認欲求**」を満たすことができた点が大きなポイントです。

人は何歳でも褒められたい

「再活性プログラム」では、「ライフキャリアカーブ」というワークを行います。社会人になって以降の仕事人生を俯瞰して、「嬉しかった瞬間」「辛かった瞬間」など、気持ちの浮き沈みを曲線で描いてもらいます。

皆がライフキャリアカーブを描き終わると、グループワークを行います。するると、50代のベテラン社員たちが、お互いに次のような発言をして目を輝かせる様子が見受けられます。

「あの時は上司から褒められて誇らしかった」
「お客さんが喜んでくれて、充実感を味わえた」
「若手にアドバイスをして、感謝されたことが忘れられない」

当然ですが、「他人に評価された」「他人に褒められた」という経験が、多くの社員にとって「嬉しかった瞬間」になっているのです。

ところが、ベテランと呼ばれる年代になると、だんだん褒められる機会が減ってきます。

「ベテランなんだから、できて当然」
「なんで目標が達成できないんだ」
「管理職は、部下を褒める立場であり、褒めてもらう立場ではない」

周囲の人間から発せられる言葉は、このようなものが多くなり、もはや褒められるどころの話ではありません。簡単に言えば「ご褒美」が無い状態で5年、10年と走り続けている人が少なくないのです。

人間が社会的動物である以上、「年齢や役職が高くなったから周囲からの承認は不要」というわけではありません。「その組織の一員として、承認や称賛されること」

は重要なエネルギーになります。

上司や同僚として、「働かないおじさん」と接する際に、「足りない点」だけに目を向けず「よくやってくれている点」「感謝したい行動」に目を向けることは大切です。特にベテランである程、「自分は長年会社に貢献してきた」「今の部署を支えてきた」というプライドもあります。

例えば、変えてもらいたい点があった場合、いきなり減点方式で「こうしてもらわないと困る」と指摘するのは効果が低いです。理由は簡単で、頭ごなしにダメだしをされて喜ぶ人はいないからです。これは、相手がおじさんであろうと、若者であろうと同じだと思います。

お勧めとしては、「働かないおじさん」の今後も繰り返してもらいたい行動があれば、その点を**声に出して感謝の意を伝える**ことです。

「○○さん、この間教えていただいた取引先の情報ありがとうございました」、「新しい提案の件、○○さんに教えていただいた事例が役に立ちました」など。

小さなことでもいいので、やってくれたことで役に立ったことを見つけて、多少大げさなくらいでも感謝の言葉を伝えるのです。

そうすると、言われた本人は、「またやってあげよう」とか、「ああ、こういうことすると喜ばれるのか」と思い、その行動を繰り返したくなるのです。

その後、「今度、こういうこともお願いできますか?」「こうしてくれると、もっと嬉しいです」と無理のない範囲で徐々に期待する方向を伝えていきます。

このように、承認欲求や自己実現欲求を満たす伝え方をすることで、相手の心を動かすことができます。

同僚や若手からも積極的に感謝の言葉を

無論、評価者である上司から褒められることも嬉しいのですが、同僚や若手から「あれよかったですよ」「助かりました」と言われたり、感謝されたりするのも心に響きます。

「働かないおじさん」の行動のうち、繰り返してほしいものに関しては、積極的に感謝の意を表しましょう。

仮に、上司や同僚が「あの人は、何をやってもダメ」などと言って、褒める点を探そうとしない場合、どうなるでしょうか。

本人もおそらく「どうせ自分はダメなんだ」という思いにとらわれ、自発的な意欲を失っていくことになると思います。こうした心理は一般に「**ゴーレム効果**」と呼ばれます。ゴーレムとは、ゲームによく出てくる、意思を持たず命令が無いと動かない石人形です。

このように感謝の意を伝えておくと、その人の中に「自分のことを、そういう風に認めてくれている」「信頼してくれている」「評価してくれている」といった思いが醸成されます。すると、その同僚からその後、多少耳の痛いことを言われたとしても、ある程度、冷静に受け止めるようになるのです。

なぜこのような変化が起きるのか、それには人間の心理が関係しています。

人間には「**一貫性の原理**」というのがあり、「自分は一貫した人間でありたい」「矛盾した行動を取りたくない」と本能的に思っています。

例えば、同僚や若手から感謝されたり、褒められたりという経験を通して肯定的なセルフイメージが出来上がると、「これからも、そういう褒められる自分であり続けたい」「いい上司、いい先輩であり続けたい」と思うのです。

このような関係性を築いておくと、時に言いづらい話をしても、比較的素直に聞いてくれるようになります。

例えば、商談時の発言について自分の意見を伝えるにしても、「この間は本当にありがとうございました。さすがですね」といったん感謝の言葉を入れておいてから、「ただ、この間の商談の時、あの言い方だけは少し変えた方がいいと感じました」と後から伝えると、相手としても「そうだよな」と素直に受け入れやすくなります。コミュニケーション手法で言う、「ＹｅｓＢｕｔ法」という形です。

肯定的なメッセージや感謝もない段階で、いきなり「あの発言はないじゃないですか」とストレートにぶつけてしまうと、相手も感情的になってしまい、頭では言い分が理解できても、素直に受け取れなくなってしまいます。

他人に「こうしてほしい」と伝えるときは、感謝の言葉をその４倍伝える

一つ留意していただきたいのは、相手が誰であれ、率直なフィードバックができる関係構築は一朝一夕にはできないということです。

少し長いスパンで考えて日々のコミュニケーションを取りながら、今後も繰り返してもらいたい点への感謝を４、変えてもらいたい点への指摘を１ぐらいの割合で話せば、徐々に変化が表れてきます。

また、変えてほしいことに関して、小さくても変化が現れてきたら、その変化も見逃さず、感謝や称賛を伝えると変化の効果と継続性が上がります。

褒める・認める・喜ぶ・感謝するというポジティブなフィードバックは、上司の専売特許ではありません。同僚や部下の立場でも積極的に活用していきましょう。案外、社内で一番褒められていないのは経営者や上司だったりします。思ってもいないことを口にする太鼓持ちや計算だけの称賛をする必要はありませんが、素直で前向き

なメッセージをもらって、嫌な顔をする人は滅多にいません。

人は、何歳になっても褒められたい、認められたい、喜ばれたいものなのです。

実は「働かないおじさん」こそ学びの宝庫

もし、皆さんの周囲に「働かないおじさん」と思われる同僚がいて、その人を遠巻きに眺めながら「ああはなりたくないよね」と冷笑しているだけなら、皆さん自身がとても危険です。

「期待と成果のギャップ」が、「今この瞬間は、たまたま出ていないだけ」かもしれません。ＶＵＣＡと呼ばれる不確実で複雑な変化が驚くべき速さで起こり続ける中、たとえば22歳の新入社員が70歳まで48年間、変化に適応し続けられる確信はあるでしょうか？

東京商工リサーチの調査では、２０２０年に倒産した企業の平均寿命は約23年でした。「今の仕事・会社で自分は適応できている」と思っても、将来「その仕事・会社自体が消滅している」可能性はゼロではありません。

本書で取り上げている「働かないおじさん」は、悪意や故意で仕事を放棄している人ではありません。悪意や故意で働かない人に対して、企業は改善やフィードバックではなく、懲戒や解雇で対応するケースが多いはずです。

「今まで、会社や社会の期待に応えようと、真面目にコツコツ働いてきた」先輩社員が、時代や技術や法律の変化で、うまく成果が出せなくなってしまっている現状を他人事にせず、自分自身の学びに変えてみてはいかがでしょうか？


「なぜ、うまく働けない状態になっているのだろうか？」

「なぜ、上司も人事も有効な対応が取れないのだろうか？」

「本人は、どんな気持ちを抱いているのだろうか？」

「自分が同世代で同じ状況なら、どういう対応をするだろうか？」

「あの人は、今のままだと将来どうなってしまうのだろうか？」

「自分が同じ立場なら、同僚からどんなサポートをされたら嬉しいだろうか？」

「期待と成果のギャップが今後も生じないために、今できることは何だろうか？」

こうした問いを立てることで、自分自身の学びにも繋がりますし、「働かないおじさん」本人や上司に対して、何かサポートできることが見つかるかもしれません。

「自分らしさを活かしたリーダーシップ」が創造性と生産性を高める

最近、人事の世界では、**「権限に依存しないリーダーシップ」**や**「オーセンティック・リーダーシップ**（自分らしさを活かしたリーダーシップ）」が注目されています。

上の立場から、下の立場の人間に指示を出し、動かすことは職制上普通の行為で、ある意味容易です。しかし、場合によっては「仕方なく」「強制的に」部下が動くことで、思考停止状態になり自主性を失ってしまうケースも存在します。その場合、創造性や生産性は決して高まりません。

部署のメンバー全員が自然にリーダーシップと自主性を発揮し、相互を尊敬し、自分たちの職場やメンバーを良くしよう、という状況をつくり上げることができれば、その部署の風土は改善して自由闊達に建設的なアイデアが出易くなります。

もし、今のあなたがリーダーのポジションでないとしても、同じ部署の「働かないおじさん」に、いかに情熱を取り戻して活き活きと働いてもらうか、チャレンジしてみてはいかがでしょうか。

年齢やキャリアが上の人と良好な関係性を築き、気持ちよく動いてもらう力を身につければ、変化が激しい時代でも雇用され続ける能力（エンプロイアビリティ）が高まるはずです。いわば、「働かないおじさん」が同じ部署にいるということは、格別のトレーニング機会があるということになります。その意識をもって接していると、職場風土や相手の向上のみならず、自分自身のリーダーシップ能力の向上につながります。

この章のまとめ

☑ 「働かないおじさん問題」の解決を上司任せにせず、同僚や部下の立場でも自分事として取り組んでみる。

☑ 「陰口」ではなく「表口」。「非難」ではなく「感謝」。フィードバックで望ましい方向に相手の変化を促す。

☑ ボスマネジメントでは、自分の視点や都合だけでなく、上司や先輩の物語（ナラティブ）を理解して接する。

☑ 「働かないおじさん問題」と向き合うことが、自分のリーダーシップ開発に繋がる。

第7章

人生100年時代、活き活きと働くキャリア戦略

この章でお話しすること

☑ 多くの人が90歳以上まで生きる時代、活き活きと働き続けるためにはどうすればよいのか

☑ 「会社ではなく自分が主役」の時代、どんな能力が必要になるか

☑ キャリアの実現に向けて、行動を習慣化する技術について

☑ 「お金のため」「家族のため」「生活のため」以外の「働く意味」とは何か？

☑ 活き活きと働き、自分の職業人生を「最高の作品」にする

「人生100年時代」という言葉を目や耳にする機会が増えました。

厚生労働省の調査では、2020年の日本人の平均寿命は女性が約88歳、男性が約82歳（いずれも過去最高）。国立社会保障・人口問題研究所「日本の将来推計人口」では、2040年には女性の平均寿命がほぼ90歳に迫ると予測されており、「2人に1人が90歳以上を生きる」時代が近づいています。

本来なら寿命が延びることは喜ばしいことですが、日本社会全体を考えると年金や社会福祉などに関する不安も頭をもたげます。

2021年4月には「高年齢者等の雇用の安定等に関する法律」が改正され、「70歳までの就業機会の確保について、多様な選択肢を法制度上整え、事業主としていずれかの措置を制度化する努力義務」を設けました。

過去の類例を考えれば、ここで言われている「努力義務」は将来的に義務化される可能性が高いと予測しています。

ちなみに、昭和初期の55歳定年から1980年代以降、5歳刻みで「努力義務化」「義務化」を繰り返しながら、65歳までの雇用確保措置が義務化されてきました。

キャリアデザイン研修で、こうした「人生１００年」「70歳就業」「生涯現役」についてディスカッションをしてもらうと、楽しみという声が意外なほど少なく、「年金でやりくりできるか不安」「70歳まで働くのはしんどい」「まだ折り返しと思うと、少しげんなりする」等の溜息まじりの声が聞こえます。

本章では、そんな「人生１００年時代」「70歳就業時代」に、溜息まじりではなく活き活きと働き続けるための、**心構え**（マインドセット）**と方法論**（スキルセット）について考えていきたいと思います。

会社ではなく自分が主役の時代

「新卒一括採用・年功序列型賃金・終身雇用」がセットになった「日本型雇用システム」の中では、「会社に職業人生を預ければ定年まで働ける」と考えることがある意味で当たり前でした。

新卒で就職した会社で、会社が決めた人事異動や辞令を受け入れながら、多少の不満や葛藤はあってもそこで定年まで勤めあげる。これが一般的なキャリアパスだと多くの人が考えていたかもしれません。この文脈では、キャリアの主役（主導権）は「会社」でした。

しかし、右肩上がりの経済成長と企業の継続的発展を前提とした「日本型雇用システム」の運用が難しくなってきたことを、２０１９年に経団連の故中西会長（当時）、トヨタ自動車の豊田社長などが警鐘を鳴らし始めました。実際、２０１９年から2021年6月時点で上場企業178社が40代・50代を中心に4万人以上の希望退職・早期退職を実施しています。

このような措置を実施する企業は、別に血も涙もない冷酷な会社ではありません。実際に何社もの人事責任者たちとコンサルティングで話を聞くと、経営者も人事も苦渋の決断として、厳しい環境下で会社が存続・成長するために悩みや葛藤を抱えながら、社員へ経済的な支援ができる余力があるうちに、難しい意思決定をしています。

自分のキャリアに対し、自分で責任を持つ時代

「会社がキャリアの主役」だった時代が、良くも悪くも戻ってくる可能性は低いと考えています。

「自分がキャリアの主役」として、各々が自分のキャリアに対して責任をもたなくてはいけない時代に突入している自覚を持つ方が現実的だと思います。

確かに厳しい側面もありますが、見方を変えれば、「**自分の考えたキャリアを自分**

で実現できる時代」「**生涯現役で、会社の枠組みに縛られず働ける時代**」と前向きに捉えることもできるでしょう。

キャリアの語源は、ラテン語の「carrus（車輪の付いた乗り物）」や、フランス語の「carrière（馬車の轍）」と言われています。

ここから転じて、研修などで私はキャリアを「職業人生の轍・道のり・旅・物語・作品」というメタファー（例え）として解説し、考察してもらいます。

「今までの仕事の轍を振り返って、どんな感想を抱きますか？」
「これからの職業人生を、どんな旅にしていきたいですか？」
「自分が主演・脚本・監督を務める作品を、どんなストーリーにしたいですか？」
「職業人生を締めくくった時に、どんな景色を見たいですか？」

このような問いに対し、自分の希望をある程度自由に描き、実際に実現できる可能性が出てきた「自分がキャリアの主役」という時代は、悪いことや厳しいことばかりではないと信じています。

人生100年時代、70歳就業時代のキャリア戦略

「変化し続ける力」と「学び続ける力」

「自分がキャリアの主役」「自由にキャリアを描ける」と言っても夢見るだけでは何も実現しません。実際には「やりたいことを実現する力」「構想を具現化する戦略」は必要です。

今後の働く世界で、自分の「ありたい姿」を実現するための重要なスキルは、第3章の「CAN」でも紹介した、**「変化し続ける力」と「学び続ける力」**だと考えています。ここでは、二つのスキルを深掘りします。

「変化し続ける力」ですが、今後のキャリアに関して「世の中は変化し続ける」「自分の今のスキルは、いずれ陳腐化する」という前提を持っておくとよいと考えていま

す。

ミドルシニア社員と話すと「今までの経験を活かせる仕事が分からない」「長年同じ仕事をやってきたので、新しい仕事や職場で働くことが不安」という声が出ます。そういう時に、私は「今までの経験だけを取り崩しながら、10年・20年働けるほど甘い世界は多分ない」「遅かれ早かれ、新しい仕事に取り組む可能性は高いので、その不安を払拭するためには、後ろに下がるより一秒でも早く前に出て変化する方が良い」という、かなり身も蓋もないシビアな回答をしています。

「変化を楽しむ姿勢」が人生を切りひらく

リンダ・グラットン教授は『LIFE SHIFT（東洋経済新報社）』で「**変身資産**」を人生100年時代を生き抜く資産として重要なものと定義しています。

ダグラス・ホール教授が提唱し、日本では法政大学田中研之輔教授が『プロティアン（日経BP）』で広めた「プロティアン・キャリア」は、変幻自在に形を変える神プロテウスを語源として、組織に依存しない「**変幻自在なキャリア**」を実現するためのキャリア戦略・キャリア資本の重要性を説いています。

こうした変化するための資本の一つ「社会関係資本（Social Capital）」では、名刺ではない繋がりを有機的に広げていくことが重要になります。

「会社から言われたことだけを実直に行う」「会社に人生を預ける」という変化に目を背ける姿勢は、今後リスクになる可能性があります。未来の変化を見据えて、「自分がありたい姿」に近づくために「先んじて変化を起こす」「変化を楽しむ」姿勢が必要です。

「変化を楽しむ」ためには、「日常や仕事に、小さな変化を加える」などの取り組みも有効です。例えば、通勤ルートを毎回変える、仕事の進め方を見直す、違う人に会ってみる、社外コミュニティに参加する等、「変化することは、意外に楽しい」という経験を自分の中に積み重ねることで、新しいチャレンジへのハードルは徐々に下がっていきます。

「学習戦略」を考えることで、ミドルシニアに「学ぶ能力」がめばえる

「学び続ける力」に関しては、上述の「変化し続ける力」と対になっています。新しい仕事や環境で成果を出し続けるためには、過去のスキルを取り崩すだけでは先細りになります。「**将来を見越して、積極的・戦略的に学ぶ**」ことは、業務命令で嫌々やることではなく、自分の人生を切りひらくための重要な行動です。

「Active learning and learning strategies（積極的な学習と学習戦略）」は、「The future-of-jobs-2018」というダボス会議でのレポートで、「今後の労働市場でトレンドになると予測されるスキル」の2番目に挙げられています。

ちなみに、1番は「Analytical thinking and innovation（分析的思考とイノベーション）」でした。総じて「自分の頭で考え創造する力」が求められています。

弊社マンパワーグループがグローバルで提唱している、変化の激しい働く世界において長期的な雇用を維持するために重要なスキルセットも「Learnability（学ぶ能力）」

で、学ぶ意欲を自分でコントロールできる人の方が希望する仕事を獲得できる確率が高まります。

この手の「学び」についてミドルシニア社員に話をすると、

「この年になって新しい勉強はちょっと大変」

「では、何の資格を取れば食いっぱぐれないですか？」

「そういえば、本は年に2冊くらいしか読んでない」

「とりあえず、英語を頑張ります」

「会社のスキル研修はちゃんと受講してます」

…などのコメントが多く、いまひとつピンとこないようです。

ミドルシニアの学習には、「戦略」が必要です。漫然と「言われたから」「とりあえず」「面倒だけど仕方ない」「何となく」というスタンスで学んでも、学習効果が高まりませんし、本質的な能力開発に繋がりません。学習する分野・効果的な学習方法を、「自分の人生100年を切りひらく重要な取り組み」として真剣に考えることをお勧めします。

人間の記憶を司る海馬や前頭前野は、情報を「短期記憶」「長期記憶」に振り分ける機能があります。「興味がない情報」「生存に役立たない情報」は短期記憶化され易く、「興味がある情報」「生存に役立つ情報」「出来事に繋がる情報（エピソード記憶）」は長期記憶化されやすいと言われています。

例えば、私は歴史が好きで、戦国武将の名前は１００人以上を官名や逸話つき（真田安房守昌幸など）で覚えています。一方、興味が無い男性アイドルグループ等は、何度テレビで見ても顔と名前が一致しません。娘たちは真逆で、アイドルたちの細かいエピソードも記憶していますが、戦国武将に興味はありません。

仕事に関しては、私は「キャリア・心理学・脳科学・組織論」などは興味があり仕事でも使う機会が多いため、本を読むとスッと頭に入ります。一方、プログラミング言語や社会保険などは、同じ日本語でも文章が頭に入ってきません。

ミドルシニア社員の学習戦略としては「好きで、できること」「仕事（またはプライベート）で使う機会があること」と関連する領域から学習の幅を広げていくと、長期記憶化されやすく学習効果が高まります。嫌々で仕事に関係ない資格取得を目指しても、残念ながらほぼ意味がありません。

「この分野の仕事や知識なら、興味が持てる」という分野を見つけて、学習を始めてみましょう。現在の学び方は多様化していて、手軽なものも増えています。

読書・SNSで発信（Facebook/Twitter/LinkedIn）・コミュニティに繋がる・朝活や夜活・オンラインセミナー・動画メディア（YouTube/Facebook Live）・音声メディア（Podcast/Clubhouse）・eラーニング・リアル研修等。

自分にあった学び方を試してみてはいかがでしょうか？　ちなみに、私は47歳ですが、上記すべて大なり小なり利用しています（自慢ではなく、「自分がやってないこと」を紹介するのは卑怯な気がするので）。

特に、「インプット」だけでなく「**アウトプット**」**を意識して学んだことを発信・**

利用する機会を組み込むと、学習効果が飛躍的に高まります。

今日この瞬間が、あなたにとっていちばん若い日

「変化」「学び」に関しては「定年したら」「時間ができたら」ではなく、極論を言えば今この瞬間から実行すべきと強く考えています。

なぜなら、誰でも明日になれば今日より一日歳をとり、「変化しないリスク」「学ばないリスク」が高まるからです。**今日この瞬間がいちばん若い日なのです。**

「再活性プログラム」は4日など連続して行いますが、「気付いたことや学びたい領域が見えたら、研修終了後ではなく今日家に帰ってから取り組んでみてください」とお伝えしています。

一番行動が速かった人は、10分の休憩中に、タブレットで興味がある電子書籍を購入して読み始めていました。こういう変化や学びが生まれ始めると、仕事への取り組み姿勢や醸し出す雰囲気が変化し始めます。

実際、終了後数カ月してその人の上司に話を聞いたら、「彼は、その後かなり勉強

をするようになり、部内で勉強会を開くまでに行動と意識が変わってきました」と嬉しそうに話してくれました。

この本を読みながらでも読んだ後でも、少しでもできることに取り組んで、変化と学びを起こしてみてはいかがでしょうか。（読むこと自体も学びですが）

「定年」ではなく「停年」

近年は65歳定年や定年自体を廃止する会社も増えてきましたが、60歳定年、65歳まで嘱託契約で再雇用という会社が比較的多いようです。

「60歳になったら定年、65歳まで再雇用でのんびり働いて仕事人生は終了」

そんなキャリアを「当たり前」として受け止めている人も多いと思います。

しかし、これから訪れる「人生100年時代」、65歳で仕事人生を終えて、その後の35年間は何をして日々過ごすのでしょうか？

「悠々自適の人生が悪い」と言いたいわけではありません。ただ、会社の定めた「定年」を、そのまま無条件に自分のキャリアを停める「停年」とすることに、後悔や疑問は本当に無いか？という問いは、仕事人生を仕舞う前に立ち止まって考えてみても良いと思っています。

ベストセラーになった楠木新氏の『定年後（中公新書）』には、定年した人々のさまざまなエピソードが紹介されています。

その中のひとつ、「定年後、一番つらいと感じたことは、名前を呼ばれないこと」というエピソードが印象的です。

会社勤めをしている間は、同僚や取引先とはお互いに名前を呼びあってコミュニケーションを取りあいます。

ところが会社を辞めてしまうと、家族からは「お父さん」「お母さん」「おじいちゃん」「おばあちゃん」など呼ばれはしますが、確かに名前で呼ばれることは少なくなります。電車に乗っても買い物に行っても、名前は呼ばれないと思います。

『定年後』のエピソードでは、定年して半年、名前を呼んでもらえた唯一の場所は病院だったそうです。

しかし、最近では病院でも受付番号で呼ばれることも多くなってきました。

こうして名前を呼ばれることの無い時間を長く過ごすと、社会と繋がっている実感、社会に貢献している実感をが持ちにくくなるのだそうです。

ちなみに、50代のキャリア研修で「皆さんは、何歳まで働きたいですか？」という質問をすると、多くの方が「65歳」「生活が成り立つなら一日でも早くリタイアしたい」と答えます。

一方、上記の「名前が呼ばれなくなる」エピソードを紹介してから同じ質問をすると、「65歳以降も、無理のない範囲で働きたい」「体が元気なうちはいつまでも」「健康寿命の70代までは何とか」「死ぬまで、社会と繋がっていたい」等の声がかなり増えます。

「身体に鞭打って、生涯現役で走り続けましょう」と言うつもりはありません。

ただ、色々な「定年後のリアル」「職業人生を終えるという意味」「社会とどう繋がりたいか」などを、真剣に問いかけたうえで、自分の「停年」を決めてほしいと思っています。

「職業人生をいつまで続けたいのか」
「自分にとって働く意味とはなんだろうか」
「どういう風に働きたいのか」
「いつまで、どんな形で働くことが理想の姿なのか」

これらが少しでも見えていれば、自分自身の納得度は上がるはずです。

「定年再雇用で収入を下げられた」
「社員の頃に比べて仕事が単調で面白くない」
「収入が下がったので、真面目にやるのが馬鹿らしい」
「肩書もなくなり、会社のお荷物になった気がする」
「とりあえず65歳までしがみつければ、周りからどう思われても構わない」

定年再雇用に対する気持ちをミドルシニア社員に聞くと、こんな答えが返ってくることがあります。

すべて、事実として間違っているわけではありません。気持ちも分かります。ただし、こうした被害者的な意識や他責的な言動には、**「その選択を、自分が決めることができる」**という**「自律」**意識が抜け落ちています。

「そういう人事制度である前提を踏まえて、自分で会社に残るか去るかを選ぶ」という検討をしたうえで、自分の職業人生やキャリアを決める意識も、これからの「自分がキャリアの主役」という世界では必要です。

「**自己決定理論**」という心理学では、「**自律性**（自分で行動を選択できる）」の欲求が満たされることで人は動機付けされると言われています。「会社に定められたキャリアでは無く、自分で選んだキャリア」だと考えると、被害者意識や他責思考に陥らずにモチベーションを持ちながら働けるのではないでしょうか。

長く働く時代に必要なのは「経済的報酬」以上に「心理的報酬」

ミドルシニアの方々に、「なぜ、働くのか？」と問いかけてみると、ほぼ全員から「家族を養うため」「お金のため」「生活のため」という答えが返ってきます。

それ自体はもちろん大事で正しいのですが、発言のニュアンスに「家族を養うため（に働かなければいけない）」「お金のため（に嫌でも我慢しなければならない）」「生活のため（に会社を辞めるわけにいかない）」というＭＵＳＴ（せねばならない）の語感を濃厚に感じます。実際、答える皆さんの表情も晴れやかではありません。

「なぜ、働くのか？」という問いには、「なぜ、長年頑張って自分の意思で働いてきたのか？」という働く原動力や価値観を含んでいますが、最初から「仕事自体のやりがい」や「働くことの喜び」に意識が向く人は少ないのが現実です。

「家族を養うため」には、当然ながらお金を稼がなくてはいけません。労働の対価として報酬を得る、雇用契約の原則を軽視しているわけでもありませんし、仕事は楽しくなければいけない、と強制するつもりもありません。

しかし、「家族を養うために給料を稼がなくてはいけない」「金のために働く」「生きるためには仕方ない」という、ある種の義務感だけをエンジンにすると、バーンアウト（燃え尽き症候群）になる危険性があります。

特にミドルシニアの場合、加齢による体力の低下や健康面のリスク増加、役職定年や定年再雇用での報酬低下などの問題を抱える中で、ＭＵＳＴの一本足打法はガス欠状態になってしまうかもしれません。

特に今後は、70歳就業や人生１００年時代も見据えた長距離走になってきます。

そこで、長く働く長距離走で「経済的報酬」以外にエンジンになるのが、「心理的報酬」です。「**心理的報酬**」とは、仕事を通じて得られる喜びを指します。

キャリアを安定して走り切るための「３つの仕事観」

「なぜ、働くのか？」という冒頭の問いに関して、慶應義塾大学の高橋俊介教授は３つの「仕事観」を紹介しています。

１つ目は「**内因的仕事観**」。仕事自体から得られる、成長実感ややりがいなど、自分の精神的・心理的な報酬のために働く。

２つ目は「**功利的仕事観**」。仕事は手段であり、対価（報酬や地位など）を獲得するために働く。

３つ目は「**規範的仕事観**」。自分の報酬や満足のためではなく、社会や他人に貢献するために働く。

仕事観に優劣があるわけではなく、一人一人に３つの仕事観が割合はそれぞれでも混在しています。

収入や生活に関する回答が真っ先に来るのは、２つ目の「功利的仕事観」が最も分かり易いからだと思います。ただ、そこで思考停止せずに「仕事で楽しいと感じた瞬間はどんな時か？」「それは、なぜ楽しかったのか？」「これから、どんな仕事をしたいのか？」を掘り下げてみると、自分自身の「働く原動力」が見えてきます。

複数のエンジンを搭載する飛行機のように、「経済的報酬」だけでなく「心理的報酬」「社会的報酬」の３つのエンジンがあれば、長距離のキャリアも安定して走れる可能性が高くなります。

先日の東京オリンピック・パラリンピックでは、アスリートたちの活躍と並んで、ボランティアスタッフの献身的な活動が大きく注目されました。外に出るだけでも大変な炎天下に、マスク姿で無償の活動に従事する彼ら・彼女らのモチベーションは、「世界中から集まるアスリートたちを支援したい」「国際的な大会の成功に貢献したい」という「規範的仕事観」「社会的報酬」が大きかったのではないでしょうか。

ミドルシニア社員の研修でも、こうした仕事観を紹介したうえで個人ワークやグループワークを行うと、色々な意見が良い表情と共に出てきます。

「難しいプロジェクトを成功させた時に、成長実感が味わえて嬉しかった」
「休日に従事しているボランティア活動で、地域の人々に喜ばれるのが生きがい」
「自分が指導した若手が、どんどん成長していく姿を見るのが楽しい」
「目立たない裏方のサポートで、同僚や上司に感謝されたことが忘れられない」

長く働く現代社会において、「心理的報酬」「社会的報酬」を大切にする働き方は有効だと考えています。夢中になれる仕事、成長や貢献を感じられる仕事を続けていけば、結果として成果が出やすく、「経済的報酬」は後から獲得できます。

最初から経済的な条件だけで考えるのではなく、極端なことを言えば**「三度の飯より夢中になれる仕事」**を見つけることができれば、仕事への創意工夫や学習意欲が自然とついてきます。

「本業」以外の取り組みが、「本業」の気づきにつながる

とは言え、いきなり「夢中になれる仕事」「心理的報酬」「社会的報酬」を見つけるのは困難だろうと思います。その際にお勧めしたいのが「パラレルキャリア」と「プロボノ」です。

「パラレルキャリア」は、単なる副業という意味ではなく、本業を持ちながら第二のキャリアを築く取り組み全般を指しています。

「プロボノ」は、通常のボランティア活動とは少し異なり、「職業上の専門性を活かした社会貢献活動」を指します。最近は、双方の希望をマッチングするサービスも登場しています。

どちらも、必ずしも収入に紐づく必要はなく、本業以外に自分にとって価値がある活動やコミュニティに参加することで、視野や人間関係が広がり、新しい経験や気付きが得られます。パラレルキャリアやプロボノの事例は、法政大学大学院石山恒貴教授の『パラレルキャリアを始めよう！（ダイヤモンド社）』でも紹介されています。

こうしたパラレルな働き方を歓迎する会社は増えてきているので、やってみたいことにチャレンジしやすくなっていると思います。恐る恐るでも、片足を所属している組織の外に出してみることで、「自分が本当にやりたいこと」「今の仕事の有難さ」などに気付くことができるかもしれません。

また、テレワークの浸透やフリーランス（業務委託契約）の一般化など、働き方がフレキシブルで多様になってきています。「好きな場所で」「好きな仕事を」「好きな雇用形態で」「好きな時間に」「好きな年齢まで」働ける可能性は以前よりも確実に広がっています。

例えば当社でも、会社を離れて起業した卒業生（アルムナイ）と業務委託契約を締結し、パートナーコンサルタントとして60歳・70歳を過ぎても現役世代と同様に働いている方がいます。大手企業を早期退職し、70代になっても、スマホひとつを使って海外赴任時の経験を活かして日本とアジア各国の企業を繋ぐ仕事をしているパートナーもいます。

「この分野だったら余人をもって代え難い」という強みを、40代50代のうちに探し出して磨き抜くことができると、70歳以降でも自分が決めた「停年」まで存分に活躍できるのです。そして、これこそ人生１００年時代を生き抜くキャリアの理想形のように感じます。

恥ずかしい自己開示
（私の「働かないおじさん」時代と脱却物語）

ここまで、「人生100年時代、活き活きと働くために」というテーマで解説してきましたが、本書前半でも紹介したように、私自身も45歳くらいに「働かないおじさん」として悶々とした時期を過ごし、「自分でプレゼンして部長から降りる」「現場のコンサルタント業務に集中する」という選択によって、納得度の高いキャリアに舵を切り直すことができました。

ただ、この選択はロジカルで格好良いものではなく、様々な葛藤や迷いや恐れを抱えながら、試行錯誤の末にたどり着いたものです。特に同世代ミドルシニア層の方にとって、キャリアを考えるヒントになると思い、恥ずかしい部分を含め自己開示します。（この項は私の自分語りなので、読み飛ばしていただいても結構です）

自分の意思で部長からの降格、現場コンサルタントへの異動を申し出た際に、「経済的報酬」「部長の肩書」が失われることや、最悪の場合「そんな身勝手を言う奴は会社にいらない」と言われて失業することへの恐怖や抵抗はありました。

当時の状況として、周囲から「難波はダメだ」と言われて「働かないおじさん」扱いされていたわけではありません。部門業績は達成までいっていないものの、眉間に皺を寄せて必死に動き回る姿勢を役員からは「厳しい状況の中、頑張ってくれている」と言われ、週末や夜中も業務レポートに目を通している私の姿勢を見て、部下も（少なくとも表面上は）指示に従ってくれていました。

ただ、周囲の声ではなく、自分の心の声として「**こんな自分で良いのだろうか？**」という疑問や焦りが常につきまとっていました。

そして、私が部長をしている間に、将来を期待していた若手や中堅社員が何名か退職していきました。「他に、やりたいことができた」と前向きな理由で退職し、退職後も活躍している様子をＳＮＳ等の交流で眺めて嬉しく思っていますが、当時の私は「部下がやりがいを持てる環境を提供できる」「部下が決断する前に相談したくなる」上司では無かったのだと自戒しています。

セミナー受講者たちの力強い発言にうちのめされる

そんな私が、「自分が夢中になれる仕事」へ勇気を振り絞ってシフトするきっかけになったのは、「自分の問いが、特大ブーメランとなり自分に刺さったこと」でした。

当時、ある企業の「次世代リーダー育成」を担当していました。将来の支店長候補者に対し、本人のキャリア目標と会社や上司の期待を擦り合わせるために、様々な観点で受講者と対話を重ねていきました。私より若い受講者たちが真剣に自分や上司の気持ちと向き合う姿は、私自身にも大きな刺激になっていました。

研修後半に、受講者に「あなたは、自分の職業人生をどうしたいですか？」というかなり大きな問いを投げ掛けました。

「店舗のメンバーから頼られる存在であり続けたい」
「家族のためにしっかり稼いで、子供たちの笑顔を見続けたい」
「この製品なら私、とお客様にも会社にも認められるエキスパートになりたい」
「後から振り返って、悔いがないと思える仕事をしていきたい」

等の力強い回答を聴きながら、私は「**答えを持っていない自分**」に不意に気付いて愕然としてしまいました。

研修終了後、そのまま家に帰る気にもなれず、喫茶店で一人、受講者たちが悩みと向き合う真剣な態度と、講師として優雅に振る舞う裏側で不完全燃焼している自分を思い返し、情けないことに涙が出てきました。夜にドトールでひとり泣いているスーツ姿の中高年、我ながらドン引きする絵面だったと思います。

「管理職としての自分」は「ありたい姿」ではなかった

その後1カ月くらい、私は色々な問いを立て、本を読み、メモを取り、人と話し、自分自身の「再活性プログラム」にチャレンジしました。（本書で紹介している書籍の多く

は、その時期に読んだ本です）

「自分の職業人生をどうしたいのか？」

「明日死んだら、自分はどう思うのか？」

「何をしている瞬間が、一番充実しているのか？」

「仕事で、時間を忘れるくらい夢中になった経験は何か？」

「仕事を通じて、自分は何を実現したいのか？」

「自分の持っている、余人を持って代え難い武器は何か？」

「その武器を使って、顧客や会社に貢献できることは何か？」

「その武器を磨き続けるには、何に時間を割けば良いか？」


こうした禅問答のような問いの果てにたどり着いた結論は、

「**俺は、部下に仕事を任せたくない！**」

という、管理職失格以外の何ものでもない答えでした（笑）。

同僚の管理職の多くは、「部下の成長や達成が、自分の達成以上に嬉しい」「案件をメンバーに任せて、自分は組織全体の最適化を考える」という「管理職の鑑」のような価値観を持っていますが、私はどうも違うことに気が付きました。

当時、部下が大きな案件の成約報告をしてくると、「おめでとう」「ありがとう」という気持ち以上に「面白そう」「羨ましい」という妬みの感情が湧きあがっていました。管理職として、原則的に実務案件は部下に権限移譲していましたが、それがストレスだったようです。

私の業務は、「ミドルシニア社員の再活性／ローパフォーマー対応／ネガティブフィードバック／雇用調整／希望退職」等、人事の中でも相当シビアな領域のコンサルティングです。

普通なら「辛そう」「嫌だ」と感じるかもしれませんが、シビアな場面だからこそ、相談者の経営者や人事、当事者の上司や部下も本音でぶつかってくるため、こちらの耳がに痛いメッセージにも真剣に向き合ってくれます。現場でしか味わえない、痺れるような緊張感や葛藤を乗り越えて変化が生まれる瞬間が、私が求める醍醐味だと改めて再認識しました。

「生涯現役」ならぬ「生涯現場」で、シビアな分野で求められ続ける自分こそ、「**自分のありたい姿**」だと分かってきました。

その後、上司と交渉して現場のコンサルティング業務に注力するようになってからは、「心理的報酬」「社会的報酬」を獲得した結果、成果を創出して会社からの評価や報酬という「経済的報酬」を取り戻すことにも繋がりました。会社の「ＭＵＳＴ」を自分の「ＷＩＬＬ」に引き寄せたことで、集中して働けるようになったのです。

もし自分が、不本意な状態で部長を続けていたら、良い評価も得られず「経済的報酬」も「心理的報酬」も失っていたかもしれません。

「明日死んだら、自分はどう思うのか？」に答えられるか

私の場合、人事やキャリア論など「働くこと」や、心理学や脳科学など「心の仕組み」を勉強したり、色々な知見を持つ方の話を聴いたり、人事の方とディスカッションすることが基本的に大好きです。

好きなことなので、学ぶこと、働くこと、新しい手法を試すことに苦痛もありませ

ん。朝のジョギング中や週末も、気付けば仕事のアイデアを考えています。業務時間外に有志のコミュニティやSNSを通じて情報交換をする等、趣味とも仕事とも判然としないパラレルな活動を無償で行っています。

現場での学びを、セミナーや動画やメルマガ等で発信する機会を増やしたことで、新卒入社時の夢だった「書籍を出版すること」にも今回繋がりました。

その分、人付き合い・家族サービス・社内会議などに割く時間は意図的に削りました。「仕事のために犠牲にした」というより「好きなことに、エネルギーと時間を集中させた」という感覚です。こうした働き方が万人向けで正しいとは思いませんが、少なくとも「私にとって、ありたい姿」がこれでした。

「明日死んだら、自分はどう思うのか?」という問いには、「**ベストな人生ではないかもしれないが、今この瞬間の選択と自分に悔いはない**」くらいは言える状態に、試行錯誤の果てにたどり着きました。

一人の「悩めるおじさん」の歩みとして、参考になれば嬉しいです。

自分の「WILL」を見つけ行動を習慣化する

本書も、残りわずかになってきました。「働かないおじさん問題」を長期的に解決するためには、単純ですが**「活き活きと働く」**という一言に尽きます。

色々な企業から「働かないおじさん問題」の相談をいただきますが、「活き活きと働いているのに、全然成果が出ない」というケースは、実はほとんどありません。（「真面目に働く」と「活き活きと働く」は違います）

相談の多くは、仕事への取り組み姿勢（やる気が見えない・自主的な創意工夫をしない・リーダーシップを発揮してくれない・言われたことしかやらない等）が問題視されるケースです。

本人が夢中になって仕事をしていると、方向性が根本的に間違っていない限り、短期的に成果は出なくても、改善や工夫が自発的に生まれ、周囲のアドバイスも素直に耳に入るので、大きなギャップは生じにくく、周囲の同僚も問題視することは少ないです。**「年を重ねても、仕事を楽しんでいる」姿は、周囲に共感を与える**ことの方が多いです。

「活き活きと働く」こと、簡単そうで難しいのは、本人も上司も人事も、「ＷＩＬＬ」と真剣に向き合う機会が少なかったからではないかと考えています。

先程は私の恥ずかしい例を挙げましたが、キャリア研修やリーダーシップ開発のコンサルタントとして「その手のプロ」のはずでも、自分の「ＷＩＬＬ」「ありたい状態」「なりたい自分」というものは、実は知らないことがあります。ましてて、考える機会を与えられず目の前の業務を真面目にコツコツと続けてきたミドルシニア社員に、突然「あなたのやりたいことは？」と質問しても、深い答えが出るはずもありません。**やる気や能力の問題ではなく、機会がなかったことが問題の本質です。**

まず、本人・上司・人事が取り組むことは、「WILLをじっくり考える」ことだと考えています。

そして、自分の「ありたい姿」「やりたいこと」は、心の底から願うことであれば必ずしも会社の要求や現在の業務に紐づいていなくても構いません。


「モノ作りをしている瞬間は、時間を忘れて熱中できる」

「自分が生まれ育った街のために、何か恩返しをしたい」

「新しい技術が発表されると、その構造やロジックを深く調べたくなる」

「お客さんが驚く顔を見たくて、色々なアイデアが次々に溢れてくる」

など、自分が本当に面白いと思い、時間を忘れて勉強する、会社を離れても考えてしまう、そんなものが見つかれば、その分野で他人よりも抜きん出る可能性が高くなります。「好きこそものの上手なれ」です。


心の内側から湧き上がる「ありたい姿」「やりたいこと」を考えてみて、**そこに一歩でも半歩でも近づくための変化**を一つ起こすことが、「働かないおじさん」状態から抜け出す偉大な一歩です。

多少身勝手でも、本気で「ありたい姿」が見つかれば、それを「会社が求めること」とどう擦り合わせることができるか、本人・上司・人事が話し合うことで具体的なアクションと方向性が決まってきます。

「ちょっとしたアクション」、「昨日までやっていなかったこと」の積み重ねが、「働かないおじさん」からの脱却と人生１００年時代のキャリア形成に繋がります。

将来に向けての「ありたい姿」、「実現に向けたアクション」をとにかくひとつでも始めましょう。後は、アクションが継続できれば問題解決です。

この際は、「**小さくても始める**（スモールスタート）」ことが重要です。ミドルシニアの方は特に「失敗したら恥ずかしい」「間違ったら大変だ」と完璧を期して考えるだけで動けないケースがあります。失敗しても間違っても、現代社会では命を取られる危険はありません。「間違ったら軌道修正する」「誰も自分の失敗など注目してない」くらいの**柔軟性**（レジリエンス）や**楽観性**（オプティミズム）をもって、ある意味の見切り発車をすることが大事です。

上司や人事は、「失敗を減点方式で注意する」のではなく「行動したこと自体を加点方式で称賛する」という姿勢を持つことで、チャレンジへの心理的ハードルが下がっていきます。

三日坊主に終わらせない「習慣化」の技術

ただし、「間違ったら軌道修正」は構いませんが、せっかくのアクションが三日坊主に終わっては意味がありません。**自分で決めた行動を習慣化することは重要**です。

本書では、節々に心理学や脳科学に関するキーワードを入れてきました。それは、「自分の頭を上手に騙して（導いて）、無理なく行動変容するヒント」にしていただきたいからです。

では、習慣化するにはどうしたらいいでしょうか？

「**ゴールからの逆算**」「**行動のルーティン化**」「**行動記録の可視化**」が有効だと考えています。

私は、日常で多くの行動を習慣化しています。

「ダイエット（2年強で20キロ減）」
「睡眠（毎日7時間、22時就寝5時起床）」
「ランニング（毎日２～６ｋｍ、月間２００～３００ｋｍ）」
「読書（月10冊前後）」

これらの行動は、**自分の「ありたい姿」「ありたくない姿」から逆算**しています。
「ありたい姿」は、コンサルタントとして「生涯現場」で活躍すること
「ありたくない姿」は、認知症になり自分の頭で働けなくなること

認知症のリスクトリガー（引き金）について、色々な本を読みました。
「肥満／睡眠不足／ストレス／知的好奇心の減退」がリスクになることが理解できたので、そのリスクを軽減する行動を上記４つと設定しました。

次に、「行動の可視化」として、自分の行動に関して記録をつけたり、周囲へ発信

したりしています。

具体的には、「スマートフォンのアプリで記録（ランニング・読書・食事・体重など、色々なジャンルで無料管理アプリがあります）」、「記録した内容を発信（FacebookやTwitterなどのSNSを使っています）」を続けています。

自分で記録の蓄積や推移を見ることや、友達から「いいね」や応援コメントがもらえればよい励みになります。

別にSNSを使わなくても、**親しい友達や家族や上司に行動を宣言**しておけば、周りもサポートしてくれるようになるでしょう。

「理想的なキャリア」の正解は無い
変化が速い時代だからこそ、自分が先んじて変わろう

行動を変えても、いきなり成果や世界が激変するわけではありません。しかし、行動変容を続けていくと、確実に成果も世界も変わっていきます。

裏を返すと、自分の行動を先んじて変えない限り、情け容赦なく変化し続ける世界に後手後手で対応せざるを得なくなります。

幸い、人生も働く時間も過去に例を見ないほど長い時代です。自分のありたい姿に向けて、一歩一歩変わっていく旅路を楽しむのも素敵なことではないでしょうか。

本書では、「どんなキャリアが理想的なキャリアか」「今後、どんな資格やスキルがあると食いっぱぐれないか」などの具体的な正解は書きませんでした。

なぜなら、「そんなものは無い」と確信しているからです。

「理想的なキャリア」は、一人一人の心の中にしかありません。収入が高くても不満とストレスに潰されそうな人もいれば、お金は二の次で仕事自体を楽しむ人もいますし、仕事は上手く捌きながら趣味に没頭する人もいます。

「資格やスキル」の有効性は、社会や法律が変化する中で変わっていきます。一方で「この仕事が楽しい」という自分の気持ちは、世の中が変わっても変わらないかもしれません。

長く続く職業人生を充実したものにするうえで、仕事や人生そのものを一つの作品と捉えることをお勧めします。もちろん、作品の主役は皆さんお一人お一人です。仕事も人生も自分の作品だと捉えると、その出来栄えがどんなものになるか興味が湧きませんか？

作品の構想を練る方法は様々にあります。例えば、

- 「上司に、自分の構想を話してみる」
- 「本や映画を通じて作者と対話をする」
- 「一人の時間を確保して、自分自身に問いを立てる」
- 「自分の周りにいる、活躍している先輩に話を聞いてみる」
- 「キャリアコンサルタントやコーチ等のプロに相談してみる」
- 「人事や経営者と話をしてみる」
- 「外部のコミュニティに参加してみる」
- 「自分の構想を、外部に発信してみる」

本書で扱ってきたミドルシニア層の方たちは、仕事も人生も折り返し地点の近くにいるのかもしれません。毎日、「自分はどう生きるべきか？」と考え続ける必要はありませんが、45歳、50歳、55歳など節目の年齢を迎えた時にでも、**いったん立ち止まり、自分の「今までの軌跡」と「今後の構想」をじっくり見直してみる**ことは、是非お勧めしたいと思います。

「働かないおじさん」という言葉を、死語にしたい

本書で対談させてもらった、法政大学キャリアデザイン学部の田中研之輔教授とは、過去に何度かセミナーや講演でご一緒させていただきました。

対談開始前、教授からこんな問いをもらいました。

「難波さんは、このミドルシニア問題に関して毎回熱いよね。何が、その熱量の源泉なの?」

そう言われてみれば、私は仕事で他世代や他テーマも扱っていますが、いわゆる「働かないおじさん問題」に対して圧倒的に熱量が高く、言いたい事も次々に溢れてくることに気付きました。

私に対するお客様からの相談やセミナー参加も、この問題関連が一番多いです。た

ぶん、相手が経営者でも人事でも上司でも本人でも、耳が痛いことを平気でお伝えする本気度の高いスタイルに、一定の信頼をいただいているのだと思います。

熱量が高い理由として、いろいろな気持ちが混在しているようです。

- 「現実的にビジネスニーズが大きい（社会問題として規模が大きい）」
- 「自分自身も苦しんだ時期があったので、脱却する方法を伝えたい」
- 「これからの世界は、より厳しい変化が待っていると理解している」
- 「本人が、置かれている状況を甘く見ていることに警鐘を鳴らしたい」
- 「上司が、本気で部下と向き合うことを避ける姿勢に疑問を投げ掛けたい」
- 「人事が、問題を本人と上司の責任にしてしまう姿勢に異論を挟みたい」
- 「全員が真剣に向き合えば、問題を解決できると信じている」
- 「ミドルシニア層が元気でなければ、日本が元気にならないと思っている」
- 「次を担う若い世代が、先輩たちの働く姿に憧れる世界をつくりたい」
- 「『働く』ことは、とても面白いことだと思っている」

- 「日本のミドルシニアが、もっと輝けることを知っている」
- 「キャリアは、いつからでも何歳からでも、自由に描けると知っている」

青臭い綺麗ごとに聞こえるかもしれませんが、私は最終的に「働かないおじさん」が労働市場から消滅して、全員が適切な居場所や働き方を見つけて輝いてほしいと、かなり本気で願っています。

その反面として、本人・上司・人事の信頼関係が毀損している職場や、本人が改善の機会や気付きを得られずに不本意なまま会社を去る事例を、数多く見てきたという現実があります。

いつか「働かないおじさん」という言葉自体が死語となり、本書や私の仕事が不要になる姿こそが理想の状態だと考えています。

ミドルシニア社員および関わる人たち全員が、おたがいに活き活きと働ける社会の実現に向けて、本書が一助になればたいへん幸いです。

この章のまとめ

- ☑ 人生も職業人生も長く続く時代、キャリアの主役は「会社」ではなく「自分」。
- ☑ 「会社が定める定年」ではなく「自分で決める停年」に向け、自律的に学習戦略を練る。
- ☑ 「自分のありたい姿を実現する力」は、時代に先んじて「変化し続ける力」と「学び続ける力」である。
- ☑ 「経済的報酬」一本足だけでなく、「心理的報酬」「社会的報酬」などの「自分が働く意味」を深掘りする。
- ☑ 心の底から「ありたい姿」「やりたいこと」の実現に向けて、職業人生という、一度だけの自分だけの「作品」を活き活きと楽しむ。

特別対談

ミドルシニアが輝くために

『プロティアン（日経BP）』『ビジトレ（金子書房）』などキャリア関連の著書を数多く上梓し、「プロティアン・キャリア（変幻自在なキャリア）」を提唱する現代キャリア論の第一人者、法政大学キャリアデザイン学部の田中研之輔教授を迎えて、「ミドルシニアの活性化」に向けたポイントについて対談しました。

田中研之輔（たなか・けんのすけ）

法政大学 教授 UC・Berkeley元客員研究員 一般社団法人 プロティアン・キャリア協会 代表理事 GLOSA代表取締役／博士：社会学。一橋大学大学院社会学研究科博士課程修了。日本学術振興会特別研究員（PD：一橋大学 SPD：東京大学） メルボルン大学元客員研究員。2008年に帰国。現在、法政大学キャリアデザイン学部教授。専門はキャリア論、組織論。〈経営と社会〉に関する組織エスノグラフィーに取り組んでいる。著書25冊。最新刊は『ビジトレー今日から始めるミドルシニアのキャリア開発』

「働かないおじさん」の秘めたるパワーを引き出すために

難波「働かないおじさん」と呼ばれてしまうようなミドルシニアに対し、企業としてどう対応していくか。これは日本企業にとって注目度の高い課題だと思います。キャリアデザインの専門家として、田中教授はこの問題をどう捉えていますか。

田中「働かないおじさん」問題は、社会全体の問題だと私は考えています。当然ですが、ミドルシニアと言っても、全員が「働かないおじさん」と化しているわけではありません。自ら主体的に働いている人だって、もちろんいます。経営戦略や事業戦略を練り込み、キーパーソンとして会社の成長を支えている人たちもいるでしょう。ただ、そのようなキーパーソンは限られていて、多く見積もってもミドルシニア全体の2割いるかどうかというレベル。残りの8割はあまりパッとしない人ということになります。そのパッとしない人の中の一部が「働かないおじさん」と呼ばれてしまうのが現実なのでしょう。

難波　そうですね。私もほぼ同意見です。

田中　しかし、「働かないおじさん」の存在を否定する必要はまったくないと思っています。なぜなら、彼らは内に秘めたパワーがある。なので、会社がそれを引き出してあげればいいのです。ただ、会社を引っ張っている1割から2割のキーパーソンたちのように、主体的に変われるか？……と言うと、なかなか難しいでしょう。

今、世の中ではＤＸ（Digital Transformation）の必要性が叫ばれていますが、私はそれと同時にＣＸ（Career Transformation）も行わなくてはいけないと考えています。ＣＸとは「会社内でキャリアを積み上げる組織内キャリア型」から「会社を最大限に活かすキャリア自律型」への転換を意味します。

ミドルシニアの人たちが、いかに内省的にキャリア自律型への意識醸成をしていけるのか。これが、「働かないおじさん」問題で悩んでいる企業の解決の鍵になるのではないかと考えています。

コロナ禍が、ミドルシニアたちの意識を変えた

難波　「働かないおじさん」に関して相談を受けることはありますか？

田中　もちろんです。やはり、年を追うごとに増えてきていますね。ただ、最近の相談の傾向を見ると、コロナ渦をきっかけにミドルシニア自身に前向きな変化が生まれたように感じています。

具体的には、「自分のキャリアについて、自分できちんと考えないといけない」、「未来軸に向けて何か一つ手を打ったほうがいいな」と、ポジティブな捉え方をされている人が増えてきたような感触です。

難波　確かに、私も同じように感じます。「コロナの影響で、このままだとちょっときつくなりそうだ」とか「コロナで状況や働き方が変わった以上、自分も変わったほうがよさそうだ」くらいのことを、少しずつ感じる方が増えてきた実感があります。

田中　この状況で、「まったく変わらなくていい」と感じている人は、もはやいないのではないかと思います。

「これからどう変わっていったらいいのか」「どういうキャリアを形成していけばよいのか」といったことは、ミドルシニアの人たちもそれぞれ考えているのではないでしょうか。

ただし、「変わったほうがいい」と思いつつも、実態としては『組織内キャリア型』に依存したままになっている人がいるのも事実です。

これまでの日本では、「組織内で依存するようにして自分のキャリアを維持することが、キャリアのセーフティーネットである」と思われているふしがありました。しかし、こうしたマインドは変革していかなくてはいけないと、私は思います。

「退職後の15年」に繋げるためのキャリア形成を！

難波　「マインドの変革」について、具体的に説明をお願いします。

田中　「働かないおじさん」と呼ばれるミドルシニアの人たちは、頑ななまでに、ある種の「自分らしさ」や「自分の働き方」「自分らしい組織内の位置づけ」が凝り固まり、完成してしまっています。

一方で、アダプタビリティ――つまり変化への適合性――が決定的に足りていません。だから、彼らにとっては、まず、アダプタビリティを鍛えるトレーニングが必要です。

最近55歳くらいのミドルシニア向けのセミナーを行ったのですが、

「どうか組織に依存してください。15年そのままでいいと思いますよ。健康を維持してください。でも、70歳でご退職されてから、まだ体は元気で気持ち的にもモチベーションがわく状態のままで15年ほど過ごせる。それが『人生１００年時代』です。その15年間のためのキャリア形成の準備を、今のうちからしておくほうがいいんじゃないですか？」

と言うと、「ああ、そうか」と目の色が変わりました。

「確かに、今のまま組織内キャリアに依存した場合、そのまま70歳まではいけるだろう。しかし、そのあともまだまだ元気で、人生の時間を持て余しそうだ」ということは、彼らも理解しているのです。

若い頃に比べればパフォーマンスは少し落ちてくるかもしれないけれど、身体は健康で全然いける。人生終盤の15年をどう過ごすかは自分自身が選べる。そのフリーになった時の戦略を、組織で色々なレバレッジが効くうちに考えて、手を打っておきませんか――という問いかけが、彼らには効いたようです。

難波　確かに、今の足元や目先の仕事だけをみるのではなく、本当に自分の一生や生涯全体を見つめて、そこから逆算して考えた上で、「これからどうしたいですか」と問いかけるのはすごく大事だと思います。そういう長いスパンの人生像を、あまり考えずに今まで来てしまった、あるいは考える機会がなかった方が多いような実感が、私にもあります。

田中　日本でも20代ぐらいのビジネスパーソンは、既にキャリア自律型で働いていています。「自分がどうありたいか」とか「いかに働いていきたいか」といったことを大切にして、会社という組織の中に入ってくる。もしも組織の中で「そうじゃない」と否定された場合は、さっと辞めてしまいます。

年配の人たちからすると、こういう若者の行動は眉を顰めたくなるかもしれない。けれど、そのような若者たちの姿勢の半分ぐらいはミドルシニアの人たちも学ぶべきではないかと思います。いったい何を学ぶのかといえば、「好きなことをやっていい」という気持ちです。

難波　確かに、ミドルシニア世代だと「好きなことを我慢するのが美徳」「滅私奉公」といった価値観を持った人も多いですからね。

田中　そのとおりです。55歳研修をやらせてもらったときに、「皆さんも、自分らしく働いたらいいのでは？」と水を向けても、「いや、それは無理です。組織の中でそんなことを言ったら大変ですよ。ここまでキャリアを積ませてもらったのに、いまさら『自分らしく生きたい』なんて言ったら、頭がおかしくなったと思われてしまいます」などと言われてしまいました。

難波　無理もない気はします。

田中　いかに「働かないおじさん」といっても、40代・50代ともなれば、これまで働いてきたキャリアの中で培ってきた資本があります。その「キャリア資本」を生かして、ちょっと社内貢献というものを考えてみましょうよ、と提案してみたのです。

例えば、「入社してくる新人にアドバイスする」「後輩にワンオンワン・ミーティングをやってあげる」などです。そういうことから、モチベーションに繋がりませんかと言うと、意外にも「自分も先輩たちに育ててもらったので、そのお返しのつもりでやってみます」といったポジティブな反応が返ってきました。

その後、本当に右も左も分からない若者に対して、組織内キャリアコンサルティングみたいなことをやってくれる人が多く現れました。ミドルシニアたちも、何かきっかけさえあれば行動変容が起きるのです。

難波　そうですね。「社会や会社や世の中に、自分が何を残したいのか」「自分がどうありたいのか」といった問いかけをじっくりやってみると、本人たちの中にくすぶっていたものに火が付く瞬間って、確かにありますね。

私も研修などで、その年代の方々にお話を聞いてみると、「65歳まで働いてそこから先はのんびりしたいです」とおっしゃる方がとても多い。

そこで、「仮に65歳でリタイアすると考えた場合、あなたが社会に貢献できる期間はあと10年ちょっとしかありません。その年月をどう締めくくりたいですか」と聞いてみることがあります。

すると「やっぱり誰かの役に立ちたいよな」とか「最後は本当にありがとうと言われて終わりたい」といった答えが返ってくる。自分の中にあったそういう「思い」に、そこで初めて気がつく人が意外と多い。それを機会にトランスフォームを考え始める、というのは確かにあります。

令和時代の経営者に必要なものは「キャリア戦略」

田中　いずれにせよ、世代別の労働人口でみても、ミドルシニアはボリュームゾーンなので、改めて活性化して活躍してもらいたいですよね。

難波　そうですね。ミドルシニア層には頑張ってもらわないと、本人にとっても日本にとっても困りますよね。

田中教授は、企業の経営者や人事に対して、ミドルシニアへの対処法としてはどのようなアドバイスをされていますか？

田中　企業の経営者には3つの戦略を立ててくださいと伝えています。

1つ目は「経営戦略」、2つ目は「事業戦略」、3つ目が「キャリア戦略」です。

この3つを中長期的に俯瞰しながら「会社」という組織体をどう成長させていくのか。そのロードマップを作るよう、アドバイスしています。

これまでの企業には経営戦略と事業戦略の2つしかないのが普通です。キャリア戦略を明示的に用意している企業は少ない。「組織内のキャリアというのは、経営戦略と事業戦略に従ってついてくるもの。そもそも従業員は、従順な組織人であるべき」とされていました。

こういった考え方を「組織内キャリア（＝オーガニゼーションキャリア）」と言って、個人のキャリアは組織の存在が前提となっているのが当然であり、そうあるべきである、とされていたのです。

しかし、時代が大きく変わり、会社内のみに限定したキャリア形成には限界が見えてきました。よって、キャリア自律型にシフトしていかなくてはいけない。これを一言で表すと「キャリア戦略を立てるべきだ」というアドバイスになるのです。

これまで多くの企業では、20年30年と働いてきたミドルシニアのキャリアについて、人事施策を意識してきませんでした。ですから「この層に向けた年代別研修をやれ」と言われても、何をすればいいのか分からないのです。

また、当のミドルシニアたちも「入社してからこれまで一度も自分のキャリアについて真剣に考えたことがない」という人が大勢います。それが現実なのです。

難波 しかしその現実は、できるだけ早くどうにかしたいですね。

田中 キャリア開発というものは本来、年齢、性別、事業規模、職種、職位問わず、いつからでもどこからでも何歳からでも始めることができるのです。

これまでキャリアについて考えたことがなかった人たちでも、今日からキャリア開発を始めることが可能なのです。そのために、経営側がどういうCXの施策を届けていくのか。そこが重要なのです。

ミドルシニアを再活性化できれば、絶対に業績は伸びます。しかし、何の対策もせず、ただ彼らを雇い続けるだけであるのならば、業績が伸びることはないでしょう。非常に早いペースで社会的ニーズが変わっていくので、変化への対応は急務です。例えば、「コロナ禍の中でどういう変化対応をしたのか」または「もし、この変化対応にブレーキがかかっているミドルシニアがいるのであれば、彼らに向けてどんな具体的なキャリア施策を施しているのか」といったことを、経営者や執行役員クラスの人に問いたいです。

「人事部」とは別に、社内変革を進める「特捜部」をつくる

難波　確かに、これだけ正解がない世界では、「会社に言われたことをまじめにやるだけの人」ではなく、「自分の頭で考えて新しいやり方を生み出していく人」の集団にならないと、これからの時代は個人も組織も厳しくなるでしょうね。

田中　そうです。従来の人事部は、管理調整、コントロールのみに徹するようなやり方が多かった。しかし、これからは、ミドルシニアを再活性化させるための「特捜

部」みたいなものが必要だと思います。

私が企業顧問をつとめている大企業では、経営戦略と人事部をつなぐ、ある種の特捜部門をつくって、全社的なキャリア開発支援を行っています。

なぜこのような特別な部門が必要かと言うと、先ほど申し上げたように人事部には調整とかコントロールなどの役割があり、これはこれで重要だからです。これらの仕事とキャリアトランスフォームをリードする仕事を、一部門で両立させるのは難しい。

経営層がやるべきなのは、こういう特別部門をつくって、その部門に権限委譲し、完全に任せてしまうことです。

難波　確かにそうですね。どうしても人事管理とか労務管理みたいな形で、管理したくなるタイプにベクトルが振れると、組織ってプロティアン（変幻自在）に動かなくなりますね。

田中　あまり意識されませんが、キャリア開発の「開発」という言葉には大きな意味があります。「開発」とは、単なるシフトや変化ではなく、意図的・戦略的・抜本的に伸ばしていく行為です。キャリア開発も同様で、個人向けの施策と組織向けの施策の両方に手をつけなくてはいけません。

単純に、個人に「こういう研修がありますよ」と紹介するだけではまったく不十分で、人事施策なりキャリア開発支援なりを抜本的にやらないと、うまくいかないでしょう。

社員のキャリア自律によって、企業のエンゲージメントは上がる

難波　2年ぐらい前のダボス会議で「仕事の未来」というレポートが提出されました。その中に「これからニーズが減少するスキル」が列挙されていたのですが、その中に人事管理や財務管理も含まれていたことを思い出しました。

田中教授がおっしゃる通り、経営者や上司がやるべきことは、管理や調整ではなく、タレントマネジメントやピープル・ディベロップメントと呼ばれる、人を「育て」、「伸ばし」、「情熱を解き放つ」ということかもしれません。

ミドルシニアの活性化の必要性を認識してくれている経営者や人事も増えている一方で、「キャリア自律を社員たちに考えさせると、転職してしまうのではないか」と

か心配したり「今の仕事に徹してもらうため、社員に余計なことを考えさせたくない」と言ったりする経営者もいます。

田中　それらとまったく同じセリフを、毎日のように聞きます。その際に、経営者から聞かされるのは「キャリア自律をするとエンゲージメント（愛社精神）が低下する」「キャリア自律をすると転職する」という心配です。しかし、これらには何のエビデンスもありませんし、根本的に考え違いをしています。キャリア自律をすると、むしろエンゲージメントは上がります。なぜなら、仕事に対して主体的に向き合うようになるので、自分の目の前の仕事に対して必死に取り組むようになるからです。

やらされ感が強いうちは、仕事をこなしているだけなので、エンゲージメントは高くなりません。

キャリア自律を促す人事施策を取った場合、確かに一部の社員は退職してしまうかもしれません。

辞める人は次の新しいキャリアを形成するのだから、経営者としては「行ってこい」「頑張ってね」と前向きに送り出すべきです。そして、嫌になったらいつでも戻ってきていいんだよ、と。実際、某大手電機メーカーなどをはじめ、出戻りＯＫにする制度を採用している企業も既にあります。

確かに昔は、転職者に対して裏切り者扱いする風潮がありました。でも、今はそんな時代ではありません。

このあたりの話は、分かっている経営者は分かっているのですが、分かってない経営者が存在するのもまた事実です。そのような経営者には、「そういう組織には優秀な若手は入ってこないし、優秀な人から抜けていく」と断言します。

難波　いま、本当に世の中のゲームのルールが大きく変わりつつあります。経営者や人事担当者は、その現実をキチンと受け止め、それを社員たちにも伝えてあげるべきですね。会社の中にいることだけが必ずしも正解のキャリアでは無いと、日々のコンサルティング現場でも痛感しています。

「スピンアウトしたけれど、前にいた会社に対する愛着を持ち続ける」「フリーになって、従来と違う形で会社と付き合う」「卒業生（アルムナイ）と現役社員が繋がり合う」等の文化を培う、そんな企業経営がこれからすごく大事になってくると感じています。

ミドルシニアは自分をメディア化してキャリア形成を

難波　一方で、ミドルシニアたちがこれから輝いていくために、当の本人が自分でできること、心掛けておいたほうがよいことなどを教えていただけますか。

田中　これは具体策がいくつかあります。ひとつは、「自分をメディア化する」ことです。

簡単に言うと、TwitterやFacebookに代表されるようなSNSを使って、今まで自分の中にインプットしてきたことを言語化してアウトプットするのです。

言語化することによって、これまでのキャリアを自分で内省的に見つめなおすことになります。そうすると、今度は外の組織や外のネットワークが見えてきますから、今まで見たことのない新しい情報に引っ張られるようになります。

難波　私自身もFacebookやTwitterで情報発信していて、5千人以上の友人がいるのですが、会社や名刺の繋がりではない「ソーシャルキャピタル（社会関係資本）」と「ソーシャルインフルエンス（社会的影響力）」って、すごく大事だなと実感しています。自分で始めてみて実感しているのですが、今の時代、自分をメディア化するハードルがすごく低くなりましたね。

特に新型コロナが流行して以降、いろんなコミュニケーションのオンライン化が進んだので、SNSを使って発信できる人のところには、人脈や繋がりがどんどん増えています。そこで得られる気づきとか、現実的なビジネスチャンスとかを含めて「繋がりの輪に入るメリット」「入らないことによる機会損失のリスク」が圧倒的に大きくなったように感じます。

田中　大きいですよね。

「オフィスに行かないと仕事がはじまらない」という先入観を捨てる

田中　旧来型のキャリア形成をしてきた人たちは、「仕事というものは会社という箱の中でやるものだ」と考えてきたことでしょう。これも見直したほうがいいですね。コロナ禍でテレワークが推奨されて、「身体と会社が乖離してもよい」ということを多くの人が学んだはずです。どこでもいつでも働けます。自宅や、ホテルや、海辺でも仕事はできるのです。

しかし、ミドルシニアはどうしてもオフィスに行きたがる人が多いようですね。わざわざ電車に乗って、時間かけて通勤して。

おそらく「オフィスに行かないと仕事がはじまらない」という先入観がこびりついてしまっているのでしょう。本当にもったいないないと思います。

難波　そうですね。やっぱり思考停止にならないことがいちばん大事です。働く場所、働くスタイル、発信の仕方、すべて「自分で考えて自分で選ぶことができる」という自律意識がすごく重要だと思います。

私の会社はテレワークと出社が併用になっていますが、個人的には「なるべく会社に行かずに済むにはどうしたらいいか」について考えるようにしています。

基本的に朝はジョギングをしたいのですが、出勤しちゃうと走れませんからね。できるだけ出社せずに仕事を終わらせるには、どういう業務デザインをすればいいか、出社する日に処理すべき業務は……みたいなことを常に考えて仕事をすると、結果として工夫もできて、月数回の出社でも業務が回るようになりました。

田中　ミドルシニアの世代の人は、難波さんと同じようにジョギングを趣味にしている人が少なくないようですね。おそらく走るという時間を通じて、仕事に対してのリフレッシュをしているのでしょう。

それは素晴らしいことだと思いますし、私自身もフィットネスの時間を確保しています。いつも体を動かしながら思うのは「仕事そのものが自分にとってリフレッシュになるような働き方があるのではないか」ということです。

例えば、いつものオフィスではない、別のオフィスに行って、いつもとは違う作業をやるとか。毎日のルーティンとは違う働き方をしてみるというのが、キャリアストレッチになるのです。ですから、仕事の上でも、意識していつもとは違うものに触れるようにしたらいいと思うのです。

変化に対する抵抗感をなくして、自らＣＸを！

田中　また、キャリアも多様性に対して柔軟であれば、ストレッチが効いてきます。私は大企業トップと話をさせてもらう機会もありますが、一方でフリーターの人たちとも積極的に話をします。彼らの言葉から、働くことの本質が聞けることがあるからです。

私はアメリカにいた頃、不法移民の労働者たちと日雇いの仕事をしていました。しかも２年間です。毎日研究所に行って大学の授業を受ける生活なのですが、授業の後、普通ならまっすぐ帰るか図書館へ行く人が多い。でも私は、１００ドルで買った自転車で日雇い現場に行き、メキシカンたちと一緒に働いていました。時には暴漢に襲撃されることもありました。そういうバトルフィールドでキャリア論を考えてきたのです。

難波　「意図的に変化を自分に与えて、変化することに対する抵抗感をなくす」という考え方は、私も賛成です。「変化」はどうしてもリスクがあるので人間は本能的に避けようとしてしまうのですが、やってみると楽しいことが多いですからね。その変化を楽しめる状態に、より多くの人が近づいてほしいと思います。働く場所や、出会う人を意図的に変えるのも大事かもしれないですね。

田中　そのとおりです。

おそらく「働かないおじさん」と呼ばれている人たちの業務って、ものすごくルーティン化されているものが多いと思います。だから刺激がないのが当たり前になっている。そういう状態になって「キャリアに関して成長を感じられないな」と思ったら、まずは小さな変化を自分でつくってみることです。そこで小さな成功を積み重ねていく。これが、自らいつからでもできる費用のかからないキャリア開発手法だと、私は思います。

キャリアは何歳からでも自らの志で開発していくことができるのです。「働かないおじさん」のＣＸに大きな期待を抱いています。

「働かないおじさん問題」のトリセツ

発行日　2021年10月1日　第1刷

著者　難波猛

本書プロジェクトチーム

編集統括	柿内尚文
編集担当	池田剛
制作協力	マンパワーグループ株式会社
デザイン	山之口正和＋沢田幸平（OKIKATA）
編集協力	山本誠志、小関敦之
DTP	渡辺淳子
校正	東京出版サービスセンター
営業統括	丸山敏生
営業推進	増尾友裕、綱脇愛、大原桂子、桐山敦子、矢部愛、寺内未来子
販売促進	池田孝一郎、石井耕平、熊切絵理、菊山清佳、吉村寿美子、矢橋寛子、遠藤真知子、森田真紀、高垣知子、氏家和佳子
プロモーション	山田美恵、藤野茉友、林屋成一郎
編集	小林英史、舘瑞恵、栗田亘、村上芳子、大住兼正、菊地貴広
講演・マネジメント事業	斎藤和佳、志水公美
メディア開発	中山景、中村悟志、長野太介、多湖元毅
管理部	八木宏之、早坂裕子、生越こずえ、名児耶美咲、金井昭彦
マネジメント	坂下毅
発行人	高橋克佳

発行所　株式会社アスコム

〒105-0003
東京都港区西新橋2-23-1　3東洋海事ビル
編集部　TEL：03-5425-6627
営業局　TEL：03-5425-6626　FAX：03-5425-6770

印刷・製本　中央精版印刷株式会社

Printed in Japan ISBN 978-4-7762-1148-8